本当にあった

不思議・悲劇・驚愕の
歴史大全

後藤 樹史

KKベストブック

はじめに

戦争や革命、衝撃的な事件の数々。これまで過去の歴史にはさまざまな悲しい出来事や事件がたくさんありました。それら歴史のひだに埋もれた史実を掘り起こしていくと、そのときの人々の喜びや悲しみ、怒りや恐怖、熱い情熱、人間愛……、そういった生々しい感情が見えてきます。

悲惨な史実の扉を開けるとき、そこでは信じられない猟奇事件、衝撃的な事件を目の当たりにするでしょう。戦争の悲劇、大虐殺、悲惨な真実を知ったとき、私たちはそこに人間の悲しい業を知ることになります。そして奇跡と感動の扉を開けるとき、私たちは自己犠牲の素晴らしさと美徳に目覚めるのです。

本書は五つの章から成り立っています。それら五つの扉を順々に開いていけば、探し求めていた真相はきっと解き明かされるはずです。

さあ、歴史のひだに隠されたさまざまな史実を掘り起こし、真実と真理をもとめる旅に出かけてみませんか？

それでは、ご一緒に。

目次

目　次

目次

第1章

史実の恐怖

ソニー・ビーンの人食い一家

数百人の旅人を襲って食らった恐怖の食人一家

今から500年ほど前のイギリス。ここスコットランドの南西部にあるエアシャイアという街で身の毛もよだつ恐ろしい事件が起きた。その恐ろしい事件とは、ビーンという大家族が殺人鬼の集団と化し、長い年月の間に数百人の旅人を襲ってことごとく食べてしまったというのである。

到底、信じられない話だが、当時は現代とは違って、まやかしや迷信がはびこる中世の時代でもあった。まして人権や人間の尊厳なども考慮されず、無知蒙昧《むちもうまい》も重なって、この事件がさらに猟奇的なものになってしまったということは十分考えられる。

●駆け込んできた男

事件はある日の夜、1人の男がグラスゴーの役所に血走った眼で転がり込んできたことから発覚した。その男の服はズタズタに破れ、全身血だらけで、息せききってしゃべり出すのだがまったく要領をえない。「助けてくれ」「妻が殺される」男はうわごとのようにその言葉ばかりをくり返した。

出されたブランディを2、3杯あおるように飲み干した後、男は少しは落ち着いたようであったが、それでもしゃべり出すと興奮状態になった。人食い、化け物の群れ、恐ろしい……、男の口からそうした言葉が次々と飛び出す。最初、男の供述を書き留めていた役人たちは、やがて恐怖の真実が明らかにされるにつれて驚愕すべき表情になった。

男の話をとりまとめるとこうである。その日の夕刻、夫婦は馬に乗って山道をゆっくり家路に向かっていた。ところが前方に異様な恰好をした人物があらわれた。僧侶の服装をしているが僧侶ではない。男性用のマントをはおり、注意してみると女性用の下着が襟元からはみ出ている。なんとも気味の悪い殺気めいたものが漂ってきた。馬は恐れをなして鳴きわめき立ち往生してしまった。

「どう！　どう！」馬をなだめようとしたが無駄であった。妻は怖がってすっかりうろたえている。

「ヒヒィーン！」馬は後ろ足でけり上げてパニック状態になった。そいつらは手に手にこん棒のようなものを握りしめてたたきつけてきた。

そのとき、左右の藪から奇声をあげて何人かバラバラと飛び出してきた。

「きゃーっ！」妻が馬から引きずりおろされて地面に落ちた。

「あなた！　たすけて！」妻の叫ぶ声がする。男は自分になぐりかかってくる連中から身を守ることで精一杯である。鞭をあたりかまわず狂ったように打ち続けた。

「ベリッ！」男の服がむしり取られる。そのとき男は見た。地面に倒れ込んだ妻にまるでアリが群がっていくかのように化け物どもが覆い被さっていくのを。

「ボキッ！　バキッ！」こん棒が振り下ろされ、妻がめった打ちにされて殺されるのを見た男は、火事場の馬鹿力で1人を振り払うと、そのまま全速で駆け出した。途中、何人か待ち伏せて飛び出してきたようだが、無我夢中でなんとか逃げおおせることができた……、というのである。

目撃した男によれば、襲撃してきた連中は到底、この世のものとは思えず、化け物か悪魔としか表現できないということであった。しかし現場に到着したのは夜が明けてからであった。現場には何も残されてはいなかった。男は恐怖に怯えながら、ここで奴らが襲ってきた。ここで妻が殺された。とジェスチャーを交えて早口に説明する。そして思い出すと自分を制御できないのか、大声で泣き叫んだりをくり返すのであった。

●恐怖の洞窟

この事件はただちにスコットランド国王ジェームズ6世にも報告された。この近辺では20年以上にわたって頻繁に旅人の失踪が報告されている場所でもあったからである。今回の事件とこれまでの失踪事件となんらかの関係があると見た国王は、自ら400人の兵を率いて捜索に出発した。

捜索は広範囲におよんだ。しかし山道付近も森の中もとりわけ異常は見られない。ところが海岸沿いまでやってきたとき、潮風にまじって腐敗臭のような悪臭が感じられた。それがどこから漂ってくるのかはわからない。そのまま進んでいくと、ある場所で犬が急に狂ったように吠え始めた。

そこは奇妙な形をした岩が入り組んだ海岸で、鉛色をした波が単調に打ちつけている場所でもあった。犬が吠えている一角には大きなくぼんだ岩がある。一見、どういうわけでもなくただの海岸だったが、よく見ると、そのくぼんだ岩は洞窟の入り口であることがわかった。

洞窟は深くえぐれており、内部に相当な空間があるようである。腐敗臭はそこから漏れてくるのであろう。この洞窟の入口は、潮が満ちてくると、海面下に隠れてしまうので人間の目にはわからなかったのである。

洞窟内の捜索が開始された。兵士たちは松明《たいまつ》の明かりだけを頼りに進んでいく。悪臭は一段と強くなり、腐臭と海藻の臭いがごっちゃになったような気味の悪い臭いに変わった。洞窟は実に奥行きが1.6kmもある巨大なものであった。曲がりくねった横道は無数にあり、奥は真っ暗で何があるのかもわからない。あまりの気味の悪さに勇敢な兵士でも内心びくびくしながら歩いていた。どの兵士も恐怖と緊張で言葉すら出ない。ただメラメラパチパチという松明のはぜる音だけが不気味に洞窟内に反響する。

まもなく真っ暗な洞窟内から、身の毛もよだつ恐怖の証拠がそこら中から見つかった。腐った人肉らしき肉片、人骨、黒ずんだ岩の根元には、犠牲者の生前の持ち物だったと思われるおびただしい衣服類、帽子やマント、靴といったものが朽ち果てたまま山積みにされている。これらは戦慄すべき犯行が長年にわたって繰り返し行われていた歴然たる証拠であった。

　黒ずんだ横道に白く光るものがあると思えば、打ち捨てられて累々と積み重なった犠牲者の白骨の山であった。臓器や同じ箇所の肉片がきれいに分類され、塩漬けにされた樽が何樽も発見された。またある横道には臓器を取られ首のない肉のかたまりがフックのようなもので何十体もぶら下げられていた。おぞましい光景に屈強な兵士でさえ、何人もが口を押さえて、ある者はしたたか吐いた。

　その中には数日前に襲われたと思える妻らしき遺体もあった。茶褐色に変色してしまっているほかの遺体に比べると、生々しく真っ白で内蔵は取り除かれ首を切り落とされて、まるでトルソーのような状態で吊り下げられていた。

　木製の台の上には解体に使ったナタや包丁の類が血みどろの状態で置かれている。松明の明かりでそれらはゆらゆらとオレンジ色に反射し、壮絶な光景を現出していた。まるで生前悪行をなした亡者が地獄の鬼どもにいじめ抜かれ、体をバラバラにされた現場のように見えた。

　とりわけ広い洞窟の奥の1か所にビーン一家は集まっていた。松明を向けると、顔を隠すように蠢《うごめ》

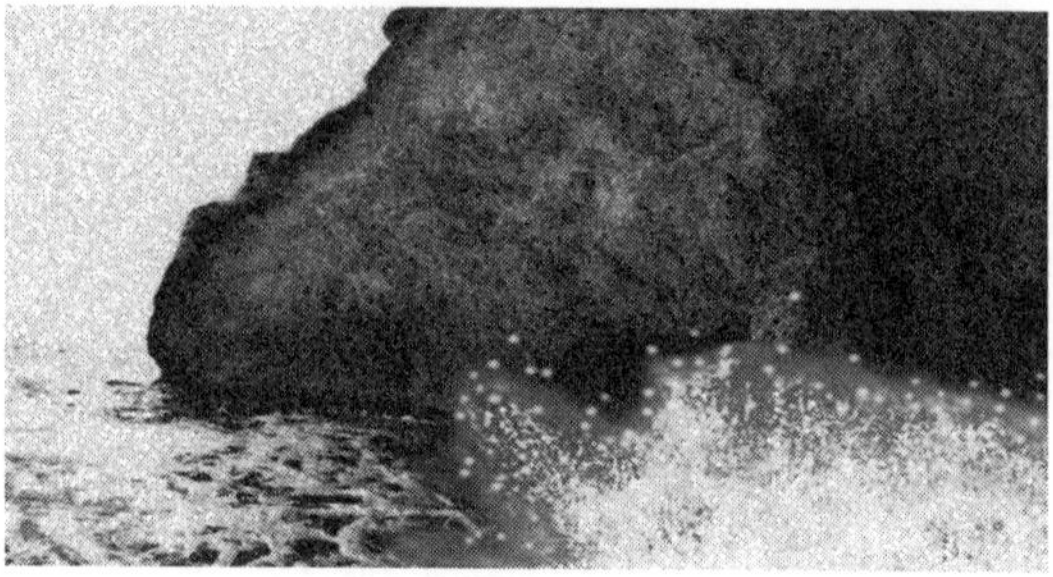
洞窟の中には身の毛もよだつ光景が……

いているが、とても人間のようには思えない。中には恐ろしいうめき声で威嚇してくる者もいたが、おおかたはおとなしかった。しかしこれが集団で行動する際にはおぞましい殺人鬼と化すのであろうか。かくして一族は全員が捕縛された。

やがて陽の光の元に引き出された彼らは、もっとおどろおどろしい存在に見えた。髪は伸び放題、男女ともとんちんかんな服を身につけ、その姿は異様としか表現のしようがない。農民のズボンをはき、ズタズタに破れた貴族風衣装を着込んでいるかと思えば、その上から婦人用のコルセットをつけているのもいる。衣装はどれも色あせてボロボロになっており、そのことがよりいっそう醜怪さを感じさせた。これらの衣装も元はといえば犠牲者から奪い取ったものなのだ。

●身の毛のよだつ真相

その後、調べていくにつれて事件の真相はさらに恐ろしい真実となって明るみに出てきた。人食い一族はビーンという名の夫婦が生んだ子供たちの成れの果てであったのだ。この人食い一家は今まで誰にも知られることもなく、殺人と人食いという呪わしい行為を延々と続けてきたのである。人食い一家がどのように形成されていったのか、その過程をたどってみたい。

人食い一家の主、ソニー・ビーンはスコットランドの南東部にある田舎町で16世紀に生まれたらしい。ビーンも若いころはそれなりに働いたようだったが、もともと怠惰で粗暴な性格であったので、すぐ働くのを嫌って家を飛び出してしまった。

そして放浪を続けたビーンは、まもなく性悪な女と知り合った。2人はどちらも働くことが大嫌いであった。各地を転々とした後、ギャロウェイという海岸まで流されてくると、ビーンたちは無数にある洞窟の一つを住居として選びそこで暮らすことになる。洞窟は居心地のよい快適なねぐらに思えた。

しかし生きていくには、それなりに食料や衣類など生活必需品が必要であった。2人は考えた末、日々の生活の糧《かて》を得るためには、手っ取り早く通りがかった旅人を襲って殺し、現金や持ち物を奪う方が効率的だと考えた。最初は奪った現金で食料などを買ったりしていたが、やがて2人は殺した人間の肉に手をつけ始めたのである。

やがてビーンと妻は男8人、女6人の計14人の子供をつくることになる。さらにその子供たちは、近親相姦を繰り返し次々と増えていく。まさにネズミ算式に増えていくのだが、たちまち50人ほどの大家族を形成することになった。

子供たちはまったく教育は受けず、したがって言語能力などあろうはずもなく、感情のおもむくまま、欲望のままに毎日を生きるだけであった。ただ見よう見まねで、殺人を犯して遺体を解体し、食料に加工する方法だけは習熟していく。こうして恐るべき殺人集団が形成されていった。

彼らの主食はもっぱら人肉であった。保存食料とするため、人肉はさまざまに加工される。塩漬けにされ、樽に詰められる。また薄く切って干物にもされた。火にあぶって薫製にもされる。こうして加工された人肉は、長期間の保存食料として貯蔵された。

獲物（この場合は旅人）の襲い方も手慣れたものであった。襲った獲物は取り逃がさないように1人の相手に3人でかかる。相手がどの方向に逃げても大丈夫なように、あらかじめ仲間を待ち伏せさせておく。そのほか、馬車を止める者、引きずり出す者、ナタやこん棒で止めを刺す者など細かく分担が決められていたという。

犯行はまさに完璧でビーン一族に襲われて生還した者は1人もなく、失踪事件が多発することが知られるようになっても、誰にも真相をつかめなかったのもそのためだ。かくして25年もの間、彼らの存在は世間に知られることはなかった。

こうして彼らに襲われ、殺され、食べられた犠牲者の数は300人を下らないだろうといわれている。しかし25年間もこれだけの大家族が食べていくには、それでは足りず1000人以上の人間が必要だったともいわれるが、もしそれが事実だとすれば実に空恐ろしいことだ。

かくしてビーン一族は、25年間にわたって犯行を続けたが、夫の方を取り逃がしたために、彼らの悪事はついに明るみに出ることになった。当時の記録によると、裁判は行われなかったらしい。それどころか、人々から邪悪なものとされ、憎悪された結果、全員が即刻、処刑されることになったという。それも復讐を込めて考えうるもっとも残酷な処刑の仕方であった。

男は生きたまま両腕両脚をナタで切断されて失血死するまで放置された。女はその一部始終を見せられた後、とろ火でゆっくり死ぬまであぶられたのである。あまりの苦痛に恐ろしい叫び声が処刑場にこだました。ビーン一家には幼児や赤ん坊も含まれていたのだが、全員が例外なく処刑されたという。

そして死の瞬間まで、彼らはなぜ自分たちがこういう酷い目に遭わないといけないのか理解できぬといった表情で死んでいったのである。倫理観も道徳観もなく、物心ついたときから殺人をごくあたりまえのように仕込まれてきたのだから当然といえば当然であったろう。

ビーン一族に関する話はロンドンのニューゲート監獄の犯罪カタログに掲載された資料だけで、これ以前の詳しい資料も存在しないので、ビーン一家の存在自体を疑問視する歴史家も多い。実際のところ、真相は歴史の闇に埋もれて永久に解明されないと思われる。

現在、彼らが食人をして暮らしていたという問題の洞窟はエアシャイアの街の観光事業にも一役買っており、怖いもの見たさの観光客でにぎわっているそうである。観光客はその薄暗い空間に入って、500年もの昔、凄惨な猟奇殺人がここで繰り返し行われ、気味の悪いカニバリズムの舞台になったことを想像して満足するのだが、これもおぞましい人間のもう一つの性《さが》なのであろう。

呪われた鳥取城
兵糧攻めがもたらしたこの世の地獄絵図

●恐ろしい兵糧攻めの実態

城を攻めるにはいくつかの方法がある。その中でも「兵糧攻め《ひょうろうぜめ》」という方法は直接武器を交える戦法ではないが、考えると最も残酷で恐ろしい方法である。この兵糧攻めにかかり落城したものの中に鳥取城があるが、日本史上、まれに見る凄惨な生き地獄を現出した。

天正《てんしょう》８年（１５８１）６月、羽柴（豊臣）秀吉は鳥取城攻略のために約２万の大軍を率いて姫路を発った。大釈山《たいしゃくざん》に本陣を構えた秀吉はたちまち鳥取城を大軍で包囲した。それに先立ち、秀吉は相場の数倍という値で米を買いあさっておくことを忘れなかった。

このとき、鳥取城では毛利氏の援軍をあてにして20日分ばかりの兵糧しか用意していなかったのである。城内には１５００名ほどの兵がいたが、付近の村々からの住民も城内に逃げ込んできたので、その数は２～３倍にふくれあがっていた。

わずかの兵糧でこれだけの数の人間が、長らく食べていけるはずもなく、たちまち兵糧は底を尽き始めた。

●地獄と化した城内の凄惨な様子

包囲されてたちまち2か月が過ぎた。それまでに何度か毛利からの援軍はあったが、陸路も海路もことごとく秀吉の大軍に阻まれて失敗していた。

すでに城内では兵糧はとっくに尽き、餓えが始まっていた。食べられると思われる木の葉は食べ尽くされ、はては乗馬は殺されて、その肉は城兵に少しずつ分け与えられたが長続きしなかった。餓えた者の中には家宝などを持ち出してはなけなしの馬肉と交換してくれと哀願する者もあったが、こうなってくるとどんな高価なものを見せられても誰も見向きもしなかった。

「餓鬼のごとく痩せ衰えたる男女、柵際へより、もだえこがれ、引き出し助け給へと叫び、叫喚の悲しみ、哀れなるありさま、目もあてられず」

信長公記にはこう記されている。

秀吉の大軍が包囲して4か月がたち10月になった。城内の兵、百姓、婦女子約4000人には餓死する者が出始めていた。最初のうちは、死者は埋葬などしていたが、やがて三の丸の者たちが死人の肉を食べているという噂が流れ始めた。

戦《いくさ》どころではなく寒さと餓えに苦しんだ城兵は、雑草をも食べ尽くしたあげく、埋められた死者を掘り起こし死人の肉を食べ始めたのである。城の回りには秀吉の軍によって厳重に柵が設けられており、城外に逃れることはできなかったが、あえて城内で餓死を待つよりはと柵をよじのぼり、逃れようとする者もいた。しかし、それを待っていたかのように鉄砲が撃ちかけられる。

撃たれた者が柵より転げ落ちるとまだ息のある負傷者に近くにいた者がナタや小刀を振りかざして、われ先に群がり、ドスンドスンと手足の関節を砕き、まるで牛や馬をさばくかのように、たちまちバラバラにして食べるのであった。

特に頭の部分が一番うまく、ナタで首を切り離してもぎ取るや否や両手に抱えて一目散に逃げていく者、またその後を眼をぎらつかせ、小刀をふりかざして追いかける者など、まさに生に執着するばかりのおぞましい餓鬼道ぶりであった。

死人の首の奪い合いで命を落とす者が出ると、今度はその死者の頭や肉を食らわんがために鎌やナタを持った男女が蟻のようにワーッと群がっていくのである。まさに身の毛のよだつこの世の地獄とはこのことをいうのであろうか。

「糧尽きて馬牛などを殺し食いしかども、それも程なく尽きぬれば餓死し、人の宍を食合へり……子は親を食し、弟は兄を食し杯しける」

豊鏡《とよかがみ》では地獄の惨状をこう記している。

城内の凄惨な飢餓地獄を描いた江戸時代の草子

この城内の凄惨さを見るに見かねた吉川経家《きっかわつねいえ》は、もはやこれまでと切腹することを条件で、城兵の命を助けてほしいと申し出た。秀吉はこれを許し、餓えた城兵のために道のほとりに大がまを並べて粥を煮た。

やがて開城されて餓えのためにふらふらになって出てきた城兵たちは、目の前の粥を見て押さえきれるはずもなく、制止を振り切ってガツガツとむさぼり食った。そのため、急に食べすぎたためにせっかく生き長らえた者たちも胃痙攣《けいれん》を起こし、口から泡を吹いてほとんどが死んでしまったという。

のち、鳥取城の廃虚には食人鬼の怨念と亡霊が長く現われたために、人々は恐れて夜には決して近づくことはなかったという。

現在でも、過去に忌まわしい記憶を持つこの場所は、恐怖の心霊スポットとしても知られている。深夜、どこからか不気味な人のうめき声が聞こえてきたり、ざんばら髪の落ち武者の姿やガリガリにやせ細って青白い顔をした着物姿の女がゆらゆらと暗闇で蠢《うごめ》いているのが見えたりするそうである。

戦国時代をテーマとした大河ドラマなども、あまりに凄惨な出来事を再現するにしのびず、このシーンだけは省かれたり、さらりと簡単なナレーションだけで終わることが多いという。

殺生関白　豊臣秀次
秘められた異常な二面性、怪物性の真実とは

天正《てんしょう》19年（１５９２）、子供に恵まれなかった豊臣秀吉は次期の関白を甥の秀次《ひでつぐ》に譲ることにした。しかし1年後の文禄《ぶんろく》２年（１５９３）、側室の淀君に秀頼《ひでより》が生まれたことから、２人の心の中に疑心暗鬼の雲が立ちこめることになる。秀吉は甥の秀次に関白の地位を与えはしたものの、再度取り上げ、それを実の子供、秀頼に与えて天下を取らせようと考え出したのである。

折しも朝鮮出兵の最中、秀吉は秀次に出陣を促したこともある。出陣して武功をたてれば大きな褒美をとらせるであろうと秀吉は秀次に言った。つまり戦いに勝って朝鮮を制服すれば、お前を朝鮮国の王にしてやろうという意味の言葉だが、しかし秀次はいよいよ自分は日本から追い出されようとしているのではないかと考えた。

「太閤はオレを無用の存在だとして体よく遠ざけようとしているのだ。いったん、海外に出かけてしまえばもう日本には帰ってこれなくなるだろう。それは絶対にいやだ。住み慣れた日本から出るなどとは我慢ならん！」

秀次は秀吉のみえすいた虚言を憎み、一方、老獪な秀吉は邪魔者である秀次をなんとか排除しようと考えていた。こうして２人の仲はますます険悪なものとなっていく。

秀吉の方でも秀次に殺されるかもしれないと考えていたようだ。ちまたでは城内外問わず、「今に太閤様が関白様に殺される」とか「今に関白様が太閤様に殺される」という噂が飛び交っている状態であった。新しく関白の地位についた秀次を祝う祝典にも秀吉は暗殺を恐れて、出発を急きょ延期してしまうほどであった。

この直前での中止は、聚楽第《じゅらくだい》で秀吉一行の到着を待つばかりとなっていた秀次にとって侮辱以外のなにものでもなかった。秀次は大きく心を傷つけられた。そして、饗宴のために準備された何万食という食膳、全国各地から集められ用意された高級食材、多額の費用がすべてムダになってしまったのだ。

しかし秀次にとってもっと恐ろしいことは、饗宴の最中に何らかの反逆が企てられているという嫌疑をかけられたことであった。もともと、秀次は朝鮮出兵で財政難に陥っていた諸大名に金を貸し付けていたのだが、このころから諸大名を結束させて謀反《むほん》を企てているなどの疑いをかけられていたのだ。秀次としては祝典の一方的な取り止めに対する侮辱などより、もっと深刻な事態がふりかかってきた。必死になって身の潔白を証明せねばならず、下手をすれば身の破滅にもなりかねないのである。

一方、秀吉はなんとか反逆者の濡れ衣を着せてでも秀次を闇に葬ろうと必死の画策をしてくる。後世で殺生関白と呼ばれ、秀次を気味の悪いイメージに仕立て上げたのも、自らの同胞の粛正に正当性を持たせて共感を得るためのものであったともいわれている。

確かに、秀次は文武両面で有能で、和歌、文学にも才能があったようだ。戦《いくさ》でもほとんど負け戦はない。この点は当時のイエズス会修道者たちの記録を見ても同じ考えらしく、秀次の人格、才能にも一様に絶賛している。ポルトガル人宣教師ルイス・フロイスの記録から引用することにしよう。

●ルイス・フロイスから見た秀次

「秀次様は機敏で優れた才能を持ち、まれにみる賢明さの持ち主で多くの資質に恵まれておりました。礼儀正しく正直なことを愛し、賢者や有能な人々の教説にも熱心に聞き入られました。また気前がよく私たちキリシタン宗門にも寛大でとても大切にされ公然と賞賛なさいました。ところが秀次様にはただ一つ、忌むべき汚点がございました。それはこれまでの美徳をすべて帳消しにしてしまうほどの悪徳だと言ってもよかったのです」

ルイス・フロイスは秀次の悪徳行為について次のように説明している。

「秀次様は人間の血を見ることに異常な興奮をお見せになられたのです。それは残酷で知られるローマの歴代の皇帝でさえもなしえないほどの残虐性だったと言ってもいいでしょう」
「秀次様は一日のある時刻になると、自分の欲望を満たすために、死刑囚を自らの手でお裁きになられたのです。この刑を実行するために秀次様は屋敷の隅に四方を壁で巡らせた刑場をつくらせ、中に砂を敷き詰め、中央に高台を設け、この台の上に受刑者を好きな恰好にして載せさせ、太刀でバサリバサリと斬り裂いたのでございました」
「時には足で逆さに吊るしたまま斬り裂いたこともございました。特に罪人の四肢を一つずつ切り落していくときが最もご満悦のご様子に見られました。こうして受刑者の身体をズタズタに斬り裂く瞬間こそが秀次様にとってこのうえもなく至福に満ちた時だったのでございます」

　フロイスはさらに秀次の猟奇的と思える行為の詳細にも触れている。

「その切り刻み方はこれ以上、小鳥でさえ引きちぎれないほどの細かい切り刻み方でございました。時には生きたままの受刑者に槍やスクロパ（短剣）を投げつけて殺すこともございました。またある時は、ネロの再来かと思われるほど多数の婦人を殺害して、身体の内臓や子宮をたんねんに調べたりもしました。秀次様のこうした怪物性は残酷で知られたカリグラ帝やドミティアヌス帝、その他の残虐で知られたいかなる皇帝よりも一歩長じているように思われたほどです。しかもこれらの皇帝でも自ら手を下すことはなく、その意味では、秀次様のように直接手を下し、人間の血で大地が汚れることにこれほど誇りを抱いた人はかつていなかったでしょう」

　まさにこれだけ聞けば、殺生関白と呼ばれた秀次の残虐性と異常な心理に全身総毛立つ思いがしてくると思う。

秀次の怪物性には後世の戯作者によってずいぶん誇張、歪曲された可能性はあるだろう。しかし、フロイスは後世の戯作者ではなくこの当時の人間だけにそれだけ信ぴょう性も高い。これらの文章が伝聞でフロイス自身、直接自分の目で見たことはなくても、このころすでに世間一般では、秀次の残虐的な悪徳行為が人々の間で噂されていたとみるのは当然のことだと思える。

しかしフロイスの言葉通り、秀次が恐ろしい二面性を持ち、快楽殺人を犯すことでおのが野獣の欲望を満たしていたのかは推測する以外にない。現代でも普段はおとなしく、およそ虫一匹殺せぬような心優しそうに見える人間が裏で豹変し、恐ろしい猟奇殺人の犯人だったということもよくあり、人間の内面に存在する怪物性を見抜くことは難しいといえるだろう。

●徹底的な秀吉の復讐

その後、反逆の容疑をかけられた秀次は、秀吉に面会を許されることもないままに、高野山にて切腹した。享年27歳。同時に家臣10人も切腹して後を追ったという。

悲劇の関白、秀次のイメージが強いが……

その1か月後には側室、次女、幼児など含めて秀次の家族39人が次々と首を刎ねられた。処刑は5時間かかったという。遺体は一緒くたにされ、一つの穴に乱暴に埋葬され、殺生関白の云われから「畜生塚」と人々に呼ばれたという。

また秀次の住居だった聚楽第は1年後に破壊され、跡形もなく取り壊されてしまった。秀吉の秀次に対する仕打ちがいかに徹底的で惨いものであったかがわかるであろう。

かくして秀吉は秀頼の世継ぎを確実なものとするために、秀次の血筋を抹殺しようとしたのであるが、殿下と称される最高位の関白を持つ者を早々に切腹させたこと、処刑後、首を長期間さらしものにしたことなど、当時の社会常識に照らし合わせても悪逆非道ぶりで多くの災いの種を残すことになったらしい。そのせいか、あるいは秀次の怨霊がそうさせたのか、災いはまもなく現実のものとなるのだ。

秀吉亡き後、大坂の陣が勃発し、わずか20年後には淀君、秀頼母子は自害し豊臣家は滅亡してしまうからである。

アナスタシア伝説
ロマノフ王朝の末娘アナスタシアにまつわるミステリー

歴史の闇の中に葬られ、真相が謎に包まれる時、
神秘のベールを帯び、ミステリーは伝説となる。

●革命の嵐に翻弄される運命

１９１４年に勃発した第一次世界大戦も３年目になると、民衆の不満は最高頂に達し、宮廷の内外でもテロや陰謀が頻発するようになった。ロシアは疲弊してしまい、崩壊はいつ訪れてもおかしくないありさまだった。ロマノフ王朝はまさに風前のともしびであった。

１９１７年早春、そしてついにその日はやってきた。手に手に武器を持った民衆が、粉雪の舞う広場になだれ込んでいく。あたりには殺された警備の兵が折り重なるように無惨な屍をさらしている。人々は口々に「自由を！」「平和を！」などと叫びながら走っていた。民衆が群がるはるか向こうには、独裁体制を象徴するかのように、冬宮殿のシルエッ

トが曇り空におぼろげに漂っていた。

かくして革命によって樹立された新政府は、独裁君主体制の廃止を宣言。ここに300年間続いたロマノフ王朝もついに終焉のときが訪れたのである。この日以来、皇帝一家は革命政府によって逮捕され、長い不自由な幽閉生活を余儀なくされることになる。

監禁された皇帝一家は、最初はサンクトペテルブルク郊外にある宮殿に軟禁された。次いでシベリアのトボリスクに移された。さらに翌年にはウラル地方のエカテリンブルクに移送され、そこにある大きな館に幽閉されることになる。この館はイパチェフという富商の屋敷だったが、皇帝一家は死の直前までこの館に閉じ込められたのである。一体、皇帝一家に悲劇的な死が訪れるまでの足取りはいかなるものであったのだろうか?

●ラスプーチンとロマノフ家

ニコライ2世には4人の娘と長男がいた。まず長女のオリガ21歳、次女のタチヤナ20歳、三女のマリア19歳、四女のアナスタシア17歳、唯一の男子であった皇太子アレクセイはまだ14歳だった。末娘のアナスタシアは4姉妹の中でも一番小柄で、性格も明るく茶目っ気たっぷりで、よく人の真似をして笑わせるのが好きな娘だった。そのためか夫妻はことのほかアナスタシアを可愛がった。

皇太子のアレクセイは生まれたときから血友病という難病に苦しんでいた。この病気は出血すると血が止まらなくなるという恐ろしい病気で、少しぶつけただけでも身体のどこかで内出血し、関節が腫れて微熱が続くのである。そのため、アレクサンドラは我が息子の難病に心を痛め、神経をすり減らす毎日であった。しかも自らも心臓病を患っており心身ともに衰弱が激しかった。

そのためか、あれほど美しかった容貌も見る影もなくやつれ果ててしまい、周囲の者も驚くばかりであったという。刹那的になった皇后が神秘主義の世界に浸ることになっていくのも当然であったろう。

皇后がそういう状態であったので、彼女がラスプーチンという知り合ったばかりの巡礼僧に心を奪われるようになったのも至極当然の結果であった。後世でも超能力者として知られることになるこの怪人物は、これ以後、皇后や皇女たち、多くの宮廷内の女性の心を魅了して、ロマノフ家に深く入り込み大きな影響力を持つようになるのである。

最初、ラスプーチンが宮廷に呼ばれたときのことだ。彼は息も絶え絶えだったアレクセイの枕もとで一言か二言祈りの言葉をとなえ、片手をアレクセイの額にそっと押し当てたことがあった。するとアレクセイ

ロマノフ皇帝一家。右から３番目がアナスタシア

は急に元気になり、ベッドから半身を起こすと、ラスプーチンが語りかける話に耳を傾け出したのである。今までの医者が相手なら考えられぬことであった。

あれほど元気のなかったアレクセイが、目を輝かせてじっとラスプーチンの話に聞き入り、やがて話の続きをねだるなど想像もできぬことであった。話の内容は何だったのだろう。おとぎ話の類だったのだろうか。ともかく、それと同時に症状は安定し、嘘のように苦痛も消え去ってしまったのだ。それはまるで奇跡か、魔法の薬が投与されたかに思えるほどだった。そんな息子の姿を見て、母親のアレクサンドラは目から涙が溢れてくるのを止めようがなかったらしい。


そんなことがあってから、皇后はラスプーチンのいうことなら、どんなことでも心から信じて疑わなくなった。いつも身近に置き、何かことあるごとに彼の考えを仰ぐようになったのだ。ラスプーチンの語りかける言葉に耳を傾けていると、いつしか心は安らぎ、身も心も浄められるような感覚を覚えるのである。皇女たちの方もラスプーチンのことを「ノーヴィ」（新しいという意味がある）と言って親しみを込めて呼ぶことが多く、かつて宮廷内でこれほど心を打ち解けられた人間はラスプーチンを除いてほかにいなかったろう。

ラスプーチンは人の心の動きを読んで、いかなる心の隠し事も言い当てたといわれている。ときに優しく、それは魂にじかに響いてくるようでもあった。彼の神秘的な力が皇后をはじめとして、多くの女性たちの心を魅了していったのは想像に難くない。

やがて皇后は、ロシア国内で起きている問題を包みかくさずラスプーチンに相談するようになった。そして彼のいうことなら、たとえ、信じがたいと思われるような決断でもニコライ2世にそうするよう促したらしい。

しかしこうした皇后の行いは、ほかの聖職者や権力者の憎しみと反感を買うことになった。彼らからしてみると、ラスプーチンによって自らの権威が横取りされ、地に墜ちかねないからである。しかもどんな権力者の前に出ようとも、まったく臆することなく、言葉を飾ることもなく、相手の心を見透かすような鋭い視線で単刀直入でものをいうラスプーチンはただでさえ多くの敵をつくった。こう考えると、この怪僧の存在こそなければ、陰謀や革命そのものも起きていなかったのかもしれない。

革命をねらう側からすると、ラスプーチンの存在がどうしても目障りであった。彼らは失脚をねらって、あることないことを吹聴したりした。すると皇后がそれを許さなかった。ラスプーチンの悪口を言う者は、たちどころに更迭されてしまうのだ。彼らは今や災いの種となったラスプーチンを消すことが最良の方法だと考えた。

そしてついに1916年12月、脅威と怒りを覚え

怪僧グリゴリー・ラスプーチン

た反対派はラスプーチンをおびきだし殺してしまったのである。それは火打ち棒で何度もたたかれ、脇腹をナイフでえぐられるという凄まじい殺され方であった。ラスプーチンの死とともに、皇帝一家にも死の運命が急速に近づいてくる。まさに彼の死はロマノフ一家にとって悲劇の序曲というものであった。

●恐怖と忍耐の日々

ラスプーチンの死から3か月後、ついに革命の嵐が吹き荒れた。それ以来、彼らは臨時政府によって幽閉され、各地をたらい回しにされるのである。それは苦しい受難の長旅であった。皇帝一家を警護するのは、これまでのような献身的な兵士ではなく、一家に敵意をむき出しにした革命派の人間なのである。

彼らは競い合うように皇帝一家をいじめて楽しんでいた。ニコライ2世が自転車に乗っていると、後ろからわざと突き飛ばしたりした。アレクセイの玩具を取り上げてからかったり、ときには踏みつぶしたりもした。年頃の皇女たちは、彼らの下品な視線で無遠慮にじろじろと眺め回されて、聞くに耐えない野卑な言葉を浴びせかけられた。

皇帝一家の最後の地となったイパチェフの館は、革命後に没収された屋敷で、2階建ての大きな屋敷であった。一家はこの館に四六時中、閉じ込められたのである。そこでの生活は何ともひどいもので、ほとんど外に出ることも許されず、廊下に出るのも許可が必要であった。おまけに窓という窓は白く塗り潰され、外の景色すら見ることもできず、1日の大部分を陽の当たらぬ薄暗い部屋で過ごさねばならなかった。皇女たちにとって最も辛かったのは、トイレに行くときで兵士たちの前を通らねばならず、その度、卑猥な言葉で侮辱を受けねばならなかったことである。

壁には見るに耐えない落書きをされたり、公然と兵士たちによって私物が盗まれたりした。真夜中に一家が寝ていると、酔っぱらった兵士が乱入してくることさえあった。食事は毎日が薄くて味もないスープと固い黒パンばかりが続くのである。近くの修道院から食事が運ばれることもあったが、警護兵たちによってほとんど奪われてしまうのが常であった。

食器は必要な数も支給されず、従者と家族で使い回しをせねばならない。こうしたひどい環境の中、皇后のアレクサンドラは心臓病が悪化して少しでも体を動かすと苦し気に呼吸をするようになった。アレクセイも両足が麻痺状態となり、歩くこともできず寝たきり状態となる。

しかし皇女たちをはじめ、家族の絆は固く、お互いを思いやる気持ちには格別のものがあった。妻のアレクサンドラにしても、困難に必死に堪えている様子がありありと見てとれた。不自由な生活に懸命に耐える彼女たちを、父親のニコライはいじらしく思ってじっと見守り続けていたという。外で兵士たちが一家を侮辱する卑猥な歌を大声で歌っているときは、家族全員で賛美歌を歌って兵士たちの歌が耳に入らないようにするのであった。

しかし1918年7月、悲劇は突然とやってきた。真夜中、寝ているところをたたき起された家族は、白軍（反革命軍）が迫っているという口実で地下室に集められたのである。そして彼らはそれっきり二度と戻ってくることはなかった。ニコライ2世とその家族は革命政府の手によって地上から永遠に抹殺されてしまったのである。

ロマノフ一家が殺害されたというニュースは、たちまち世界中を駆けめぐった。しかし史実で明らかにされたのもここまでである。誰一人として、詳しいことは知らなかったのだ。それはおそらく当時の革命政府が固く隠蔽工作を計ったためであろう。そのため、この事件の真相は謎とされ、神秘のベールに包まれる運命にあった。

●アナスタシアは生きている！

このころから、誰言うともなく、アナスタシアは生きていると信じられるようになった。つまり一番年下だったアナスタシアだけは、銃撃で傷を受けて意識不明となったが、彼女に好意を持つ兵士によって密かに助けられ、どこかにかくまわれた。そしてこの恐ろしい惨事を逃れて、どこかで生存しているのだという噂が立ち始めたのである。行方不明になった皇女の1人を探し出すために、革命側の兵士が周辺の村々をしらみつぶしに調べて回ったという噂もこれを後押しをすることになった。

こうした噂も手伝ってか、世界中でアナスタシアが難を逃れて生き続けているといったミステリーが数多く出版された。ハリウッドではアナスタシア生存を題材にした映画が2度もつくられ、ものすごい反響ぶりであった。テレビでもこれを題材としたドラマが何度も制作され、その度、高い視聴率を得たという。

それればかりか、自分こそがアナスタシアだという女性が相次いで現れるようになった。彼女たちは自分こそが本物のアナスタシアだと言ってはばからなかった。しかしその言動は具体性に欠け、証拠に欠けたりで、人々の好奇心を煽っては消えていく運命にあった。わずか10年間にこうした女性が30人も現れたほどである。

世はまさにアナスタシアブーム一色であった。ただこうしたミステリーは話題性には富むものの、やはり娯楽の中の話のネタに過ぎない……、誰もがそう思い始めたころ、一つの衝撃的事件が起こった。1920年2月、氷もまだ溶け切らぬベルリン市内を流れる運河のほとりに1人の女性が流れ着いたのだ。

その女性は体に深い傷を負い、軽い記憶喪失にかかっており、そのうえ精神錯乱に陥って衰弱が激しかった。やがて介抱され、自分を取り戻した女性は信じられないことを口にし始めた。自分はかのロシア皇帝ニコライ2世の四女アナスタシアで、革命政府によって処刑されるところを運よく逃げてきたのだというのである。

事実、その女性が持つロシア宮廷に関する知識は驚くべきものだった。足がひどい外反拇趾《がいはんぼし》であること、額に小さな傷跡があるという身体的特徴も一致した。アナスタシアがいつも前髪を切り下げにしているのもこのためなのである。それに加えて、彼女はアナスタシアしか知り得ないと思われるようなことを知っていたりした。例えば第一次世界大戦中に、ある騎兵隊の大佐が負傷して病院に入院していたことがあった。その際、大佐は皇女たちの見舞いを受けたことがあったが、その中にアナスタシアもいたのである。

大佐はさりげない仕種から身体的特徴まで、アナスタシアのそれとそっくりで、会ったときからアナスタシア本人だと思ったという。「いつもきびきびしてまさにリスのような愛らしさでしたね」などと大佐が言うと、女性の方も、そのときの大佐の癖や仕種などを覚えていたかのように、「あなたは歩きながら両手をポケットに突っ込む癖があったわね」などと親しげに発言したらしい。

これらの証拠や証言によって、人々は彼女を支持する、支持しないのどちらかに二分されてしまった。彼女を信奉する人々にとっては、やはりアナスタシアは生きていた。噂は本当だった。彼女は死刑執行人の魔の手から辛くも逃れて生存していたのだと思ったに違いない。

その後、彼女はアンナ・アンダーソンと名乗り、ロシア王室遺産をめぐる訴訟を起こすことになる。何しろロマノフ王朝の遺産となると、イングランド銀行に預金されている資産だけでも数千万ポンドの価値があり、時価にすると数百億円を下らぬ巨額な資産となるのである。

アンナ・アンダーソン。アナスタシアと酷似する身体的特徴もあったことから多くの支持者を得た

しかし具体的な証拠を巡って、裁判所ははっきりとした判定を下せなかった。証拠不十分として却下されても、また新しい証拠が出たといっては再審が要求され、切れ切れに裁判が続けられるのである。そのうち裁判は長期化する様相を見せ始めた。その間、アンダーソンは彼女こそアナスタシアだと信奉する人々から、同情されて手厚い施し物を受けて生活する身であった。

彼女は1984年に84歳で亡くなるまで、自分は正真正銘のアナスタシアだと最後まで言い張っていたという。果たして、彼女は本物のアナスタシアだったのだろうか？

●明らかにされた恐ろしい真相

ところが1991年になって、皇帝一家の遺体の埋められている場所を知っているという人物が現れた。その人物は地質学者だったアヴドーニン博士と彼の同僚で、さまざまな資料をもとに推測し、密かに皇帝一家の遺骨を発掘したというのである。それは10年以上も前の1979年のことであったが、当時はソビエト政権下にあり、秘密警察（KGB）が証拠隠滅に躍起になっていたときでもある。ソビエト共産党としては、都合の悪い証拠を歴史の闇に葬ろうとしていた時期でもあったのだ。

というのも、ニコライ2世一家に加えられた冷酷で残忍非道な行為は、ソビエト共産党として世界革命を推進するのにマイナスのイメージになりかねないからである。殺害現場でもあったイパチェフの館を取り潰したのもその理由によるものだ。

彼らは皇帝一家が逃走を試みたため、止むなく射殺せざるを得なかった。これが表向きの発表であった。都市改造計画の一環と称して、殺害現場のイパチェフの館は取り壊されてしまったが、それはソビエト共産党の欺瞞工作だといえよう。

こういうわけで、このことが表ざたになり、身に危険がおよぶことを懸念した彼らは、再び遺骨を埋め直して堅く口を閉ざすことにしたのであった。

ところがペレストロイカの時代が始まり、ソビエト政権崩壊の兆しがあらわれると、博士らはこの衝撃的な事実をマスコミに公表しようと考えた。そうして、博士の入手していた当時の目撃者の証言や文書などから、皇帝一家の虐殺状況の詳細も明らかにされていったのである。それによって身も凍るような惨事の様子が明らかとなった。彼らの証言や文書を頼りに事件当日の様子を再現したい。

その日、1918年7月16日の深夜、皇帝一家は突然、監視兵に呼び起こされた。町に暴動が起こり、いつ何時、暴徒が襲ってくるかもしれないので、安全な場所に避難するというのである。輸送の車がここに向かっているから、それまでの間、地下室で待つようにということであった。しかしそのとき、わずか30分後に、その地下室で自分たちに身の毛のよだつ出来事が振りかかろうとは誰も気づく者などいない。

皇帝一家は急いで衣服を身に着けて出てくるように言われた。最初に病弱で足の不自由なアレクセイが父ニコライ2世に抱かれて出てきた。次に皇后と4人の皇女たちが白い衣装を身につけハンドバッグを携えて出てくる。アナスタシアは小犬を胸に抱いていた。その後からコックと従者が続く。

全部で11名である。彼らは寄り添うように地下室に降りていった。

地下室には椅子がいくつかあるだけで何もない部屋だった。まもなくそこに３人の兵士が入ってきた。やがてリーダーらしき１人が皇帝一家に向き直ると無表情で単調な口調でこう言った。

「当ソビエト執行委員会は、ロシア人民に対して犯した罪により、あなたがたを死刑に処すことを決定した」

この言葉に一番驚いたのはニコライ２世だった。彼は信じられないという表情で、なぜだと言わんばかりに大げさなジェスチャーで両手を広げて彼らに詰め寄ろうとした。しかし、兵士の１人は問答無用とばかりピストルを取り出すと、無言で近寄ってくる皇帝の顔めがけて１発撃った。銃弾は皇帝の脳天をぶち抜き、脳漿をあたり一面にまき散らした。次に兵士は椅子に座っていた皇太子を撃った。皇太子は椅子から転げ落ちると、ヒクヒク痙攣《けいれん》してのたうちまわった。

別の兵士は１ｍほどの至近距離から隣にいた皇后を撃った。弾は彼女の口を無惨に貫き、皇后は一瞬、ぴょんとのけぞって飛び上がると、床に崩れ落ちて目を見開いたまま死んだ。次いで彼は侍医を撃った。侍医は両手を頭の上にかざしていたが、弾は容赦なく彼のあごを貫通した。そのとき誰が撃ったのか、コックはすでに頭を撃ち抜かれてこと切れていた。

３人目の兵士は皇女たちを床に乱暴に押し倒すと、その上から銃弾を雨あられと浴びせかけた。暗闇の中、悲鳴とうめき声が響きわたる。銃撃は弾がなくなるまで続けられた。こうして処刑はあっという間に終わってしまった。薄暗い部屋は、ゾッとするような地獄の光景に変わり果てた。もやのような硝煙が立ち込め、床は血の海のようである。ハンドバッグや帽子などの所持品が血まみれになって浮かんでいるだけだ。

やがて彼らの死を確かめるために、外で待機していた地区の委員たちが入ってきた。委員たちはまだ生きている者がいないか一人一人確かめ始めた。そのとき、皇太子は虫の息ではあったが、かすかにうめき声をあげた。それを聞いた兵士の1人がサッと近づくと、皇太子の口の中に弾をぶち込んでとどめを刺した。女中は部屋の隅に逃げ込んで枕に顔を埋めて隠れていたが、兵士の1人に見つけられてしまった。女中は恐ろしさのあまり思わず悲鳴をあげようとしたが、枕ごと銃剣でのどを刺し貫かれて殺された。

このとき、アナスタシアはまだ生きていた。彼女だけはまだ無傷で、3人の死んだ姉たちの死体に混じって息を潜めていたのだ。しかし兵士の1人が足

皇帝一家が殺害されたとされるイパチェフ館の地下の部屋。およそ12畳ほどの広さがある

で彼女を転がして仰向けにしたとき、アナスタシアは恐怖に駆られて思わず、きゃーと悲鳴を上げてしまった。兵士が銃の重い台尻で彼女の顔といわず頭や腹を容赦なくめった打ちにする。アナスタシアはたちまち、頭を割られ、口からは鮮血を吹き出して、顔面血だらけとなって見るも無惨な屍と化してしまった。同時に彼女がいつも可愛がっていた小犬も殴り殺された。

こうして一家とその付き人11人はことごとく殺されてしまったのである。全員の死が確かめられると、遺体からは時計やネックレスなどの貴重品が乱暴に剥ぎ取られた。続いて兵士たちは皇女たちが身に着けていた宝石類を奪い合った。それらは救出された後の生活のために、コルセットなどに縫い込まれていたものだ。遺体は毛布に包まれて外に待機していたトラックに積み込まれた。そこから18㎞ほど離れた廃坑まで運ばれて、遺体は焼却される手はずになっていたのだ。

ゴトゴトと山道を行くこと1時間あまり。しかし、どうしても真っ暗闇の中では廃坑を見つけることができない。そのうち東の空がうっすらと白んでくるころとなり、それ以上動き回ると帝政派の白軍に見つかる危険が出てきた。そのとき近くの森に深さ２ｍほどの穴が見つかったので、遺体をいったんそこに隠すことにした。そこで１日置かれた後、ふたたび廃坑に移送して、そこで焼却し隠蔽工作をする予定だったのだが、またしても翌日アクシデントに見舞われる。つまり、トラックが途中のぬかるみにはまり込み立ち往生することになってしまったのだ。

兵士たちは仕方なく、ここで穴を掘って埋めることにした。その際、白軍の意表をつくために、わざと道の真ん中が選ばれた。２ｍほどの穴が掘られると、遺体が横一列で並べられる。遺体はすべて衣服が剥ぎ取られており、血まみれで全裸の状態だった。まずバケツ2杯分の硫酸が遺体の顔にかけられた。識別不能にするためである。ジューという何とも嫌な音がして遺体から白い蒸気が立ち上った。それが終わると急いで土がかけられていった。

これがロマノフ一家虐殺のあらましである。結局のところ、これが事件の真相のようである。遺骨は博士の証言通り、エカテリンブルク近郊のコプチャキ村に向かう街道の真下から掘り出された。掘り出された遺骨は、その後の鑑定で皇帝一家のものであると判定された。ただ、皇女の1人とアレクセイの遺骨だけは発見されることはなかった。しかしその際、アナスタシアの遺骨も確認されたというから、そうなるとアナスタシア伝説の根拠も消えてしまうことになる。

●心の中で生き続けるアナスタシア

しかしアナスタシア伝説を信ずる人々は、発見されていない皇女はアナスタシアで、彼女はやはり別の運命をたどったのだと主張してはばからない。

こうした中、アナスタシア生存の伝説を信ずる人々には、さらに駄目押しと思われる結果が出た。自らをアナスタシアだと名乗って死んだアンダーソンが本当にアナスタシアだったのか、白か黒を判別するために1994年、遺伝子鑑定が行われることになったのである。アンダーソンは生前、手術をしたことがあり、摘出された小腸の一部が病院に標本として残っていたのである。

分析の結果、そこから得られた結論は彼女の正体はフランツィスカ・シャンツコフスカというポーランド人農夫の娘でアナスタシア本人ではないと判明したのであった。

１９２０年当時、ベルリンの爆弾工場で働いていたというフランツィスカは、誤って安全ピンをはずしてしまい手榴弾を爆発させるという事故を起こしたことがあった。その際、隣にいた同僚は爆死し、彼女自身も重傷を負ってしまったのである。そのことがあって、彼女は精神錯乱に陥ってしまい、精神病院に収容されたが、まもなくそこを脱走し行方不明になってしまったということであった。これは彼女が自らをアナスタシアと名乗って登場する数週間ほど前のできごとである。

病院を抜け出したアンダーソンは精神錯乱を起こし、市内を流れる川に飛び込み自殺を計った。しかし彼女は運よく助けられることになったのである。しばらくして回復した彼女は、自分はかのロシア皇帝ニコライ2世の末娘アナスタシアで、ボルシェビキ政府によって殺されるところを間一髪、命からがら逃げ出してきたと主張し始めたのである。その際、ベルリンの爆弾工場の事故で負った体の傷を、処刑から逃れるときにできた傷だとでっち上げたのはいうまでもない。

また行方のわからなかった残る2体の遺体も２００７年には発見され、ＤＮＡ鑑定が行われたが、その結果、それらの遺体は皇太子アレクセイと皇女の1人マリアのものであると断定されたという。こうしてＤＮＡ鑑定という最新の法医学によって、謎に包まれた神秘のベールも払拭されてしまい、数十年の長きにわたって続けられたアナスタシア論争もようやく幕を閉じることになった。

まったく、アンダーソンほどこれほど長期間にわたり、人々の好奇心を捉えて疑惑に富んだ話題を提供し続けた人物も歴史上そう多くはいないだろう。彼女は死の直前まで自分がアナスタシア本人だと言い張っていたのである。そして人々も彼女に引きずられるように、賛否両論に分かれて激しく論争をくりかえしたのであった。

今となっては彼女の心の中を探ることはできないが、しかし見方を変えれば、彼女は本当に自分がアナスタシアだと信じ込んでいたのかもしれない。激しい思い込みによって、願望と心が一体化して、まったく別の人格になることはあり得ることだ。あるいは、この世に未練を残して死んだアナスタシアの魂が、自分に果てしない願望を抱く人間の心に引き寄せられていったとも考えられなくもない。事実、アンダーソンは生前、私は生まれ変わりを信じますなどと周囲の人間にいつも漏らしていたらしい。

今日でも、アナスタシア伝説はロシアの人々の心に深く根づいている。アナスタシアは処刑を逃れ、どこかで生存して無事にその人生を終えたのだと。それはロマノフ王朝への哀悼と郷愁の入り混じった気持ちと誤った過去への後悔の念からくる感情なのだろうか？

専制君主体制の象徴とみなされたロマノフ家は悲惨な運

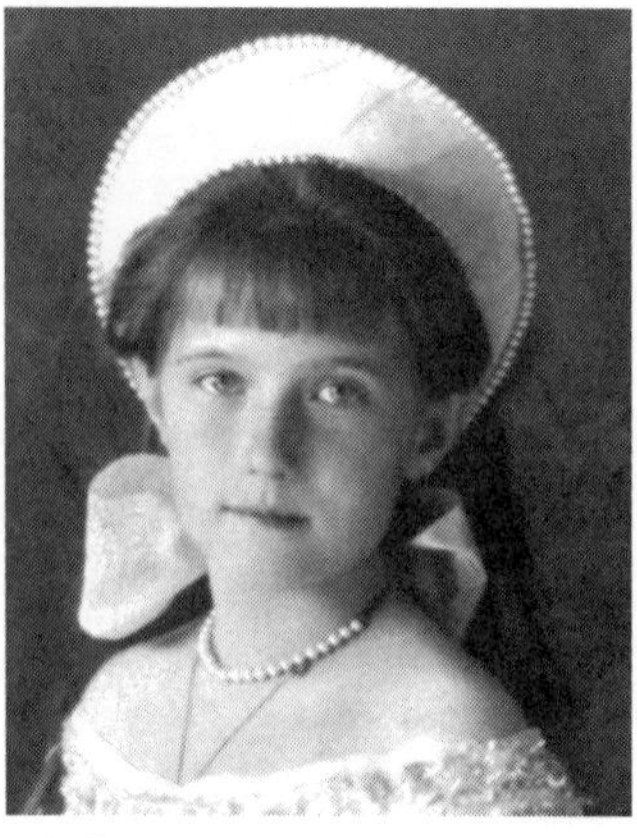

10歳のころのアナスタシア

命を迎えることになったが、しかしその後に到来した74年にわたる全体主義体制は、もっと、それこそ人々にとっては取り返しのつかない悲劇となったのではなかっただろうか。

それゆえ人々の心の底に、自由のない陰惨な過去を呪う反面、逆に明るく天真爛漫でおてんば娘だったアナスタシアを慕う気持ちが芽生えたのも当然ではなかっただろうか。事実アナスタシアこそ一番皇女らしくなく、いつもひょうきんで誰にでも愛される性格であった。今もアナスタシアは人々の心の中で永遠に生き続けているのである。

現在、ロマノフ一家を惨殺したという忌わしい場所には、美しい教会が建てられているということである。しかしそこに行けば、ロマノフ家に降りかかった恐ろしい夜の出来事を思い浮かべることができるかもしれない。いつしか伝説となり語り継がれることになる深い悲しみに満ちた事件のことを……。

事件後、殺害現場で1冊の聖書が発見されたという。そこには皇女たちが書いたと思われる願いごとが記されてあった。不自由きわまる生活の中、粗暴な兵士たちの嘲《あざけ》り、侮辱にも負けず、ひたすら神を信じ、お互い懸命に励まし合ったと思われるものであった。

　神さま、どうか 私たちに耐え忍ぶ力をお与え下さい。
　　彼らの迫害と拷問をも赦せるほどの、
　　　強い意志を私たちになにとぞお与え下さい。

ナポレオンのロシア遠征
80万の大遠征軍が見たロシアの地獄

●彗星のごとく登場した革命の落とし子

「余の辞書に不可能という文字はない」

　この言葉が誰のものかわからぬ人はいないだろう。そう、その言葉の主はナポレオン・ボナパルト。フランスの独裁者だ。瀕死のフランスを救った英雄としてこの名を知らぬ者などいない。ナポレオンが民衆から絶大な支持をうけることになった理由として革命後の差し迫った社会状勢があった。

　ブルボン王朝への反発から始まったフランス革命は、数年後には陰惨なものへと変化していった。革命を押し進めているのは、ロベスピエール率いる山岳党と呼ばれる過激な一派で下層階級に支持されていた。山岳党はこれまでの貴族たちの華やかな文化を憎み、貴族や王族の私有地を強制的にとりあげて

毎日のように人々の血を吸い続けたギロチン台

は農民に分配しようとしていた。

しかし何事もこのような強引なやり方は無理があるものである。だがこの連中はほかの考え方を聞き入れることはなく、反対派は力でねじ伏せるという方法をとった。たれ込みや密告が横行し、反対派の烙印をおされるや否や、弁論の機会も与えられず、拷問されてかたっぱしからギロチン送りにされるのだ。広場に備えつけられてあったギロチン台は昼夜休まず稼働し続けて人間の血を吸い続けた。

この間、４万人以上の人々がギロチン送りにされたといわれている。山岳党の恐怖政治に人々はビクビク夜も眠れぬ恐ろしい日々を過ごしていた。ギロチンの重い刃が落下する「ドシン！」という地鳴りにも似た音が絶えず街中に鳴り響いていたという。


このような悲惨な革命が自分たちに及ぶことを心配した各国の政府は、革命を封じ込めるために、四方八方からフランスへの侵略を開始した。フランス国内は革命による恐怖と疲弊にくわえ、外国からの侵略で崩壊寸前に追いつめられた。

こういう社会状勢の中からナポレオンは彗星のごとく姿をあらわしたのである。民衆は疲れきったフランスを蘇らせてくれる英雄としてナポレオンに夢を託した。やがて、ナポレオンは天才的とも思える軍事的手腕を発揮して侵攻してきた外国の軍隊を次々と打ち破った。それどころか連戦連勝してまたたくまにヨーロッパの大部分を手中に収めていったのであった。

●余にたてつく者は容赦しない！

1804年、ナポレオンはついに皇帝の地位までのぼり詰めた。今やナポレオンの絶頂期がおとずれようとしていた。ヨーロッパの大部分を力でねじ伏せ巨大な帝国を築き上げたのだ。もはやナポレオンにたてつく国は存在しなかった。

かくして弱冠24歳の青二才の下士官だったナポレオンは、水を得た魚のように、わずか10年で皇帝の地位にまで上り詰めた。しかし同時にいろいろな問題点も噴出し始めていた。ヨーロッパ各地にフランス軍が点在してしまった結果、維持費だけでも馬鹿にならず、戦費調達のため台所が火の車になっていたのである。

特にスペインではゲリラ活動に悩まされ、30万近いフランス軍が釘付けにされていた。しかも大陸の大部分は抑えたとはいえ、海の向こうのイギリスだけは相変わらずナポレオンに敵対し続けている。

ではどうすれば、イギリスを屈服させることができるだろう？　産業革命をなしとげ、今や通商貿易がメインとなったこの国の生命線を断つことだ。つまり経済的に孤立させて息の根を止めることが効果的と考えられた。かくしてイギリスを海上封鎖して兵糧《ひょうろう》攻めにしようとナポレオンは大陸封鎖令を発令したのであった。

しかしこの命令にロシアは従わなかった。ロシアはナポレオンにことごとく歯向かっていたのである。その侮辱ともとれる態度は、誇り高いナポレオンの心を傷つけた。少年時代からかんしゃく持ちであったナポレオンは激怒した。

「余の命令に背くとはこしゃくなロシアめ！　思い知らしてやる。大軍でたたきのめしてくれよう」

こうしてロシア遠征の計画がなされた。かくしてヨーロッパ中から兵力が集められた。ドイツ、イタリア、ポーランドなどからかき集められた兵力、その数、実に80万を下らぬ巨大な軍勢になった。これは19世紀当時、地上で考えられる最大にして最強の軍団であった。

ナポレオンは、この巨大な兵力を怒濤のごとくロシアになだれ込ませ、裏切り者のロシアを一挙に粉砕してしまおうと考えていた。

最後通牒をも無視したロシアに堪忍袋の尾の切れたナポレオンはここに大遠征の開始を命令する。

「余の平和の願いを袖にするとは。屈辱には血の洗礼でつぐなわせてやる」

教皇の手を通さず、直接皇妃ジョセフィーヌに戴冠するナポレオン。ナポレオンの絶頂期をあらわした場面である

ときに1812年6月23日、史上最大の大遠征は開始された。

●立ちはだかるロシアの大平原

フランス軍とその同盟国の軍隊は、ロシアの大平原目指して進撃していった。何万という軍馬、大砲、弾薬、食料を満載した馬車が続く。一方、これに対峙するロシア軍も帝国のすみずみから農民などをかき集め、100万近い大軍となってナポレオンを待ち受けるのであった。

ロシアに侵攻したナポレオンの軍隊は見渡す限りの広大な大平原にとまどってしまった。風景に特徴らしきものもなく、進めども進めども、同じような景色が永遠に続くのである。こうした張り合いもなく広大な大自然はヨーロッパの兵士たちに、心理的不安を引き起こした。これはまさに未知の体験であった。しかもロシア軍は故意に戦闘を控えているようだった。おそらくロシア軍は持久戦にもちこみ、補給がのびきったところを叩こうと考えていたのだろうか。

これはナポレオンにとって今までに経験したことのない戦いであった。やがて兵士たちはまともな戦闘もしないうちに、強行軍に疲労こんぱいし、飢え、逃亡などにより脱落する者が後を絶たなくなってきた。

侵攻して4か月が過ぎた。9月14日、ようやくモスクワに入城。しかしモスクワはすでにロシア軍によって火を放たれ、市街は灰燼《かいじん》と化していた。当時は占領した都市などで食料、燃料などの現地調達が行われるのが普通だったので、ナポレオンの軍隊はたちまち途方に暮れてしまった。

食料も燃料もなく1か月ほど無意味にとどまったが、ロシア軍はいっこうにあらわれる気配はない。やがて悪魔の雄叫びのような風の切り裂き音とともに恐ろしいロシアの冬が到来しようとしていた。気候は急速に悪化をたどり、猛烈なふぶきが容赦なく襲いかかる。栄養失調からか疾病が蔓延《まんえん》し、飢餓と厳寒で死傷者が続出し始めた。

もはや事態は一刻の猶予もゆるされなかった。これ以上モスクワにとどまることは全滅を意味する。しかし敵はいずこにいるのか？　果たして真の敵は人間であったのか？　このときナポレオンの心境はいかばかりであったろう。かくしてナポレオンはモスクワからの退却を決意した。

●総崩れになる遠征軍

退却するナポレオンの軍隊にここぞとばかり、ロシア軍は追撃に移った。これに大自然の魔の手が追い打ちをかける。しかも食料がついに底をつき出した。軍馬を殺しその肉を食料とする。このとき軍馬は20万頭以上が殺されたという。１０００門以上の大砲は破棄され、騎兵は徒歩で歩くしかなかった。脱走兵が急増してきた。

数百人の兵士がたった一晩で消え失せてしまうこともあった。しかしどこに逃げようと脱走兵の運命も悲惨そのものである。捕虜になっても生きられる保証などなく、どこに隠れようが、鋤や鎌などを持ったロシアの農民に襲われて殺されるかのどちらかなのだ。

１日の大半は暗い夜が占め、あらゆるものが凍りつく恐ろしいロシアの冬が本格的に襲いかかった。

零下40℃まで下がる恐ろしい寒さだ。しかもナポレオンの軍隊は防寒着を用意していなかった。凍傷で歩けなくなり見捨てられた者は一晩で凍死してしまった。花崗岩のようにコチコチに凍ってしまうのだ。オオカミの群れが凍死した兵士の遺体をまるでペンチでむしりとるかのように食いちぎる。

こうして最初、80万を数え、史上最強をうたわれた輝けるナポレオンの軍団はことごとく壊滅してしまったのであった。疫病、飢えによる死者30万、またそれと同数の兵士が戦死するか、敵の軍門に下り、ロシアの農民などに殺されてしまった者も数知れない。ライン川を越えて、命からがら故国フランスまで逃げ帰ることができた者ははたしてどれくらいいただろう。史実では5000人にも満たなかったといわれている。

●見捨てられた悲運の天才

この後、ナポレオンは急速に運にも見放されていく。

多くの餓死者と戦死者を出して後退するナポレオン

このロシア遠征での失敗で、もともと、ナポレオンに反感を持っていたオーストリア、プロイセンなどが反旗をひるがえしたのだ。ナポレオンの軍隊は、傷つき、疲弊し、その結果ナポレオンは失脚してエルベ島に追放されるのである。

1年後、ナポレオンは再び王座に返り咲いた。だが運命の神は二度とナポレオンに味方しなかった。天王山と呼ばれたワーテルローの戦いに敗れ、今度は南大西洋の孤島セント・ヘレナ島に流されるのである。わずか100日の天下であった。そしてそれ以降はきびしい監視のもとに永久に幽閉される運命にあった。失意のうちに病魔に冒《おか》され、やがて死を待つだけとなったナポレオンの胸のうちはいかなるものであったろう？

彼の脳裏にはラ・マルセイエーズの歌が鳴り響き、これまでの出来事がめまぐるしく再現されていたことだろう。ただの一下士官から皇帝にまで登りつめ、ヨーロッパ中を敵に回してひたすら戦いにあけくれた日々、かつての愛人ジョセフィーヌとの甘い幻想のひととき、そして自分の栄光と夢を無惨にも奪い取ったロシアの荒涼とした光景が脳裏に浮かんでいたのであろうか。ナポレオンの最期の言葉がそれを物語っている。

栄光と挫折を味わった男
「歴史とは創作されたつくり話以外の何物でもない」
（ナポレオン・ボナパルト）

「全軍退却だ……余は……軍の先頭に」

そうつぶやきながら死の世界へ旅立っていったという。おそらく彼の意識は燃え盛るモスクワを尻目に撤退を余儀なくされたロシアの大地をさまよっていたにちがいない。かくして栄光の英雄の時代は幕を下ろしたのであった。

第2章

大自然のミステリー

ツングースカの大爆発
宇宙から飛来した謎の物体と地球滅亡のシナリオ

●突如起きた想像を絶する大爆発

1908年6月30日、ロシアでは革命の気運が高まっていた。人々は長らく虐げられた身分から解放され、社会主義という夢と希望にあふれたユートピアがまもなく実現するだろうと考えていた。しかし、モスクワから遠くはなれたところに住む農夫のイワン・セルゲイモフにとって、革命とか社会主義などは別世界のできごとで自分たちの生活には何の関係もないことだった。やがて東の大地に朝陽が昇り始め、さわやかな陽光が差し込んでくる時刻になった。

「そろそろ小麦の刈り取りを始めねばなるまい」

彼はそうつぶやき、仕事に行く前の朝の一服としてたばこに火をつけようとしていた。そういう矢先にその事件は起きた。

突如、東の地平線のかなたに目のくらむような閃光が発し、東の空一面が火の玉でゆらゆらと燃え上がったのだ。次の瞬間、すさまじい光で目がくらんだと思うと世の中がひっくり返るような大音響が起こった。

身体全体に熱い感触を感じ、シャツがズタズタになってくすぶり出した。急いでシャツを脱ぎ捨てようとすると、今度は家がガタガタ揺れ出し、バラバラと屋根のかけらが降ってきた。回りの木々が大きく揺れたと思った次の瞬間、猛烈な爆風が押し寄せてきた。セルゲイモフは爆風を受けてもんどり打ってひっくり返った。何がなんだかわからぬまま、急に視界が真っ暗になり彼は意識を失った。

しかし彼は運がよかった。もう少し爆心地に近ければ家もろとも跡形もなく蒸発していたであろう。事実、爆心地では樹木のほとんどは瞬時に燃え尽き、500頭のトナカイは皆黒こげになって死んでしまったのだ。少し離れた（といっても1000km以上も離れているが）場所でも家の窓ガラスがすべて割れ、そこら中のものが落ちて粉々にくだけ散ったという。

立ち上った巨大なキノコ雲は数百km離れた場所からも目撃され、爆発音は1000km離れた場所でも聞こえた。衝撃波は地球をほぼ2周し、ロンドンでは真夜中に新聞が読めるほど明るくなったという。

●壮絶な大破壊の跡

この恐るべき破壊は一体何が原因だったのだろうか？　しかし、当時は第一次世界大戦の勃発やロシア革命が起きるやらで、

はるか地平線上に巨大なキノコ雲が立ち上った

ごった返しており、とても調査をするどころではなかった。戦後の混乱がようやく収まった1930年、ソビエト科学アカデミーは科学者を中心とする調査隊を現地に派遣した。爆心地はシベリアの奥地で、沼地と原生林を突破せねばならず、到達するだけでも非常な難航をきわめたらしい。

ようやくそれらしき場所に到着した調査隊は、あまりに奇怪な光景に呆然として立ち尽くしてしまった。爆心地と思われる部分では、数えきれないほどの樹木が電信棒のように直立したまま立ち枯れしており、それより半径20㎞以上の範囲では、樹木はすべて地面からひきちぎられ、放射状になってなぎ倒されていたのだ。それは何か巨大で恐ろしい一撃でマッチ棒がふりはらわれたかのように見えた。

大爆発の原因として調査隊が考えたのは巨大な隕石の落下であった。その結果、爆発は人類史上最大の規模であり、広島型原爆の1000倍と推定された。とにかく2000㎢内にある大木8000万本がことごとくなぎ倒されていたのだ。

しかし徹底した捜索にもかかわらず現場からは隕石の痕跡が見つからなかった。そのため、多くの科学者はエンケ彗星のかけらが衝突したのではないかと結論づけた。エンケ彗星とは短い周期

すさまじい爆発でことごとくなぎ倒された樹木

で太陽の回りを公転している彗星で、その主成分は氷で、爆発すると蒸発して痕跡を残さない。

さらにこの爆発は周辺の生物にも奇妙な影響を与えていた。爆発で生き残った樹木は異常な早さで成長し、また爆心地付近からは突然変異と考えられる新種の昆虫類がいくつも発見されている。

●地球に何が衝突したのか？

爆心地から突然変異が起きた事実や、巨大なキノコ雲が生じたことなどから、核を動力とするエイリアンの宇宙船が事故を起こして爆発したと考える学者もいた。またある学者は宇宙空間にあった反物質が地球に接触して大爆発したのではないかとも考えた。ミニサイズのブラックホールが地球に衝突したのだと主張した学者さえいる。

しかし最近では隕石が衝突したという見方が有力視されているようだ。クレーターがないのはそのわずか上空で爆発を起こし、隕石自体は跡形もなくこなごなになって蒸発してしまったからだというのだ。破壊の規模から見て、爆発した隕石の大きさは50ｍ前後と推定された。隕石は大気圏に突入後、バラバラになって分裂したため、完全な状態で地表に到達した破片はほとんどなかったとみられている。

研究者らは今後、地球近傍天体が地球に衝突するリスクを研究するためにも、隕石の破片を発見することが重要だと考えていた。ところが1999年、イタリアのチームがチェコ湖がツングースカ隕石による衝突でできたのではないかという論文を発表して話題となった。

爆心地から北北西に約8㎞のところにチェコ湖という小さな湖があるが、この湖は楕円型をしており、長径が約1kmほどで深さは50mしかない。この小さな湖は白鳥の湖と呼ばれ、白鳥がたくさん湖面を泳いでいる。夕暮れどきになると、青く澄んだ水面に夕陽が映り、ロマンチックな景観となる。

このチェコ湖が隕石の衝突で誕生した湖なのであれば、湖底から隕石の破片が発見されるかもしれない。これが真実となるかどうかは今後の湖底のボーリング調査の結果を待たねばならないだろう。

●考えられる人類絶滅の二つのシナリオ

ツングースカの場合はたまたま無人の荒野だからよかったものの、もしこれが東京上空で起きていたとしたらどうなっていたであろうか。おそらく被害は計り知れないものとなる。なにしろ広島型原爆の1000個分にも相当するのだ。死者は少なく見積もって500万人、山手線内部の建物はほぼ瞬時に壊滅することになる。しかしこれは可能性が低い話でもなく、このクラスの隕石が地球に衝突する確率は数百年に一度だというから、そう呑気にもしていられない。

約6600万年ほど前に直径10kmほどの隕石が地球に衝突したときは、空高く舞い上がった粉塵により、太陽光は遮断され、地球の気温は急激に下がった。このときの環境の激変で生態系は大きく変化した。約2億年間も地上を支配した恐竜が絶滅したとされる白亜紀の大量絶滅につながったのだ。

こうして考えられるのが人類最後の日のシナリオである。現在わが太陽系には火星と木星の軌道上のあいだに数百万個ほどの小惑星が点在している。その中でも直径が10km以上あると思われる天体は数千個以上にものぼる。それらは火星と木星の軌道の間を回っているが、中には大きく外れて特異な軌道を持つものも少なくない。

もうひとつ、不測な事態を引き起こしかねない要素に彗星がある。彗星は超楕円軌道を持っていることが知られており、太陽に周期的に接近して遠ざかっていくもの、あるいは宇宙の果てから飛来して二度と戻ってこないものまで含めてさまざまなタイプがある。そして一概にいえることは、惑星や恒星の重力の影響を受けてその軌道は刻一刻と変化し不安定であるということだ。１９９４年７月に木星に接近したシューメーカー・レヴィ第９彗星などは、木星の引力にとらえられ軌道が変化したあげくに衝突してしまったことは記憶に新しい。

小惑星群と彗星の関係はいわば玉突きゲームのようなものである。もし小惑星や彗星が互いにぶつかったり、あるいは巨大惑星木星の引力の影響を受けて、本来のコースを逸脱し地球に向かって衝突コースをとればどうなるだろうか。小惑星の大きさいかんによっては、即、人類滅亡につながるのだ。

第二の危険は超新星爆発であろう。超新星爆発は２００〜３００年に一度の割合で銀河系内で観測されている。これは太陽の数倍ほどの質量を持つ恒星が一生を終える間際に起こす大爆発である。ひとたびこれが起こると、半径50光年以内のエリアは壊滅的被害を受ける。これまでこの超新星爆発のたびに、銀河系に存在していると思われる文明を持った星が瞬時に壊滅しただろうと想像されてきた。我々の太陽がたとえ健全であったとしても、周辺の恒星が超新星爆発を起こした場合、太陽系にも甚大な被害が予想される。
　今現在、超新星爆発を起こしそうなのは、地球周辺では600光年離れた位置にあるアンタレス、640光年離れたベテルギウスであろう。しかしこれらは距離があるので、地球上に若干の影響が出るぐらいですむ。だが、8.7光年先にあるシリウス、25光年先のベガが超新星爆発を起こすとなると、その強烈な放射線によって地球上の生物はたちまち絶滅するだろうと思われている。とりわけシリウスは太陽の2～3倍の質量を持ち、太陽と同等の白色矮星をお供に連れている連星だけにその危険性は高い。

いつか軌道を外れて巨大隕石が地球に向かってくる！

　小惑星の地球衝突にしろ、超新星爆発のシナリオにしろ、遠い未来のことではなくいつ起こるかもしれない災厄なのだとしたら、備えをおろそかにすることなく、常に科学技術をそういった方面にも向けておくべきであろう。
　しかし今のところ、人類はいがみ合うことしかできず、各自がバラバラで自分のことしか考えていないのが現状だ。万が一の災厄にそなえて、人類が一致協力し安っぽい利害関係から脱却して、地球規模のノアの方舟をつくれる時代は果たしてくるのだろうか？

大西洋漂流76日間
地獄のサバイバルに打ち勝った究極の人間心理

●追い詰められる恐怖

人は漂流するとどういう心理になるのだろうか？　もし乗っているボートが流され漂流したら、あなただったらどうするだろう？　まず最初に何をすべきなのか？　そのとき、あなたは生か死か二つに一つしかない地獄のサバイバルゲームを生き抜くことができるだろうか？

見渡す限り、海、海、海……、水平線の彼方のどこにも島影の一片すら見ることはできないときの頼りなさ。青い砂漠と呼ばれるこの広大な大洋のまっただ中に取り残された人間の心理というものは、絶望と孤独感の無限地獄以外の何物でもない。それらの恐怖に苛まれながら、猛烈な飢えと絶え間ざる渇きが容赦なくそれに拍車をかけるのだ。

漂流者の多くは通常3日で死んでしまうといわれている。水と食料が全然ない場合でも、もう少しは長く生きられるはずだがそれはどうしてなのか？　つまり、船が沈んで広大な大海原に放り出されたその瞬間に、人は勇気や理性も同時に失ってしまうからだとされている。暗闇から襲いかかる荒波と強風で絶望と恐怖のるつぼに追い落とされた人々にとって死ぬには3日もあれば十分なのである。

漂流することがいかに恐ろしく残酷であるのかは、遭難した人間にしかわからないであろう。救命イカダに運良く乗り移れても、当初は感じなかった死の恐怖が次第にはっきりと近づいてくるのだ。それはまさに生き地獄で、疲労、飢え、喉の渇きによる死の三重唱といってもいいだろう。まわり中、水に囲まれながら、決してその水を飲むことのできない苦しさはいかほどのものなのだろうか?

●恐ろしい漂流の記録

太平洋戦争中、ほぼ毎日ラバウルからガダルカナルへ攻撃が繰り返された話は有名だが、この距離は片道で約1000㎞あった。つまり当時の戦闘機で3時間の飛行距離である。もしこの間、空中戦をして運悪く被弾し、海に着水しようものならサメに襲われる危険性があった。ニューギニアからソロモン諸島、オーストラリア近海に至る一帯は、血に飢えた灰色の巨大なサメがうようよいることでも知られている海域でもあったのだ。

あるとき、エンジンの不調で着水した飛行機があった。パイロットはまだ浮かんでいる機体の翼の上で元気そうにマフラーを振って救援がくるのを待っていた。3時間後、水上機が現場に到着してみると、もはや浮かんでいる機体はなく、代わりに大きな油の跡が海面に漂っているだけだった。救助を待つパイロットの姿はどこにもなく、付近には不気味なサメの背びれだけが無数に輪を描くように遊弋しているのが見えたという恐ろしい話もある。

また空中戦で機体に損傷を受けて、やむなくパラシュート降下をしたパイロットの話が残されている。彼は着水したがあたりに島影は見えず、どこを見回してもすべて水平線だった。とりあえず、太陽の位置から判断して泳ぎ出したのだが頼りないことこの上ない。そのうち方角すらわからなくなってしまった。ライフジャケットがあるので海面に漂っているうちに日が暮れてしまった。次第に薄暗くなっていくうちに、足に何かがごつんとぶつかる感触を感じた彼は思わずゾッとした。海面を透かしてみると、おびただしい魚の群れの真っ只中に自分がいることに気がついた。そうこうしている間にも手にも足にもどんどんぶつかってくる。

そのとき彼は、こういう魚の群れを追いかけて必ず獰猛《どうもう》なサメがくるものだということを思い出した。彼は急にそれまで気にしなかった海面の青黒さに背筋が凍るような恐怖を覚えてきた。手足をばたつかせて夢中で魚の群れを追い払ったが、それが終わると今度は猛烈に疲れてきた。空腹の感覚など通り越して下半身は麻痺状態だ。泳ぐ気力もなくなり、やがて生きる希望も失せた彼は拳銃を取り出し、自決しようとした。しかし弾は出なかった。長時間水浸しになっていたために不発だったのだ。もうどうにでもなれという自暴自棄の気になって、波間に身を任せているとそのまま疲労から寝入ってしまった。数時間後、気がついてみると夜が明けていて５００ｍほど前方に島影が見えた。彼は最後の気力を振り絞って泳ぎ着き、九死に一生を得たという。

しかし、こういうケースはまことに運がいいというしかないだろう。生きて海中に不時着して、救助されることもなく海の藻くずと成り果てたり、あるいは獰猛なサメの餌食となって死んだ人間はそれこそ無数にいたはずである。

●打ち砕かれる希望

1982年に大西洋横断中、夜明け前に乗っていたクルーザーが大きなクジラと衝突し、広大な大西洋を漂流するはめになったスティーブン・キャラハンは地獄のようなサバイバルに見事打ち勝ち生還を果たした。彼はゴム製の救命イカダに乗ったままただ1人、実に76日間も大西洋を漂流したのであった。後に彼は、漂流中の人間の心理がどのようなものであるか自らの著書で詳細に綴っている。

漂流して14日目の未明、1隻の船がそばを通り過ぎたことがあった。そのとき、船は彼を認めたかのように接近してきた。彼は歓声をあげて3発の信号弾を打ち上げた。一瞬すべての恐怖から解放され、悪夢も終わったと確信したのだが、何たることか船は空しくイカダのすぐ手前を通り過ぎてしまったのである。彼は喉もはり裂けんばかりの大声をあげながら、両手を大きく振り回し、松明を燃やし、さらに3発の信号弾を続けざまに打ち上げた。しかし無駄だった。船はどんどんと遠ざかっていく。発見してもらえなかったのだ。彼は絶望のあまり崩れ落ちるしかなかった。

その3日後の昼間、彼はまたもや1隻の船と遭遇した。それは大きな貨物船だったが、またしてもわずか70mほどの距離を大波

恐怖と絶望の時間だけが永遠に続く

を立てて通り過ぎていった。彼は橙色の発煙を焚いて必死に手を振ったが駄目だった。目と鼻にも等しい距離をかすめながら、その船は彼を発見することもなく通り過ぎてしまったのだ。イカダは貨物船の立てる波で大きく上下に揺れ動き、あたりにはディーデルエンジンの重油の臭いが充満しているだけである。

水平線の彼方に空しく消えていく船影を見守りながら、彼はあらん限りの大声で毒づくしかなかった。そしてこのとき、自動航行で進む現代の船というものは、ほとんど目を持っていない盲目の存在だという確信に至ったのであった。

実際、船が漂流者を発見することはたやすいことではない。ある漂流者など8隻目にしてようやく救助されたという話もあるぐらいだ。また漂流経験者の1人は、通りがかった船の数など失望するだけなので数えるべきではないと忠告している。そして出会うすべての船に期待するのは、送られてくるすべての郵便物に小切手か現金でも入っていると期待するようなものだとさえ言っている。

彼はその後も、海上に船影を何回か認めたが、もはや発見される希望など抱くことはなかったという。

●絶望の環境の中で

彼は幸運にも太陽熱を利用して海水から真水を蒸留する装置を持っていた。これは太陽が焼けつくような場合に限り600CCほどの真水をつくり出せた。だがイカダの中は焦熱地獄となる。太陽が雲間に入ったときは幾分過ごしやすくなるが、今度は逆に真水の生産量は減ってしまう。

まったく万事、人生は矛盾だらけだと彼は考えるようになった。風が強く吹けば目的地に到達するのが早くなるが転覆する恐れが出てくる。また天候が穏やかであれば、体は乾燥して傷口も治りやすくなり、魚も捕れやすいが、その反面サメが近づいてくる可能性も高くなるのだ。

突如、何者かが巨大な波を起こすこともあった。たいていは、巨大なシイラが海面を飛び跳ねたせいだったが、時たま4mほどの灰色のサメが海中から突進してくることもあってゾッとしたらしい。


彼はサメがこないことをひたすら祈った。サメの恐ろしいノコギリのような歯の恐怖もさることながら、荒いサンドペーパーのような肌でこすられようものなら、たちまちイカダは裂けてしまうからだ。

漂流も3週間も続くと体にさまざまな変化が起こってきた。まずビタミン類や糖分の不足により体全体がしぼんでくる。尻の肉は落ち、骨盤に囲まれた肉のくぼみのようになってしまうのだ。

両足はひどく退化してしまい、まるで腰からぶら下がった2本の棒のようになる。膝など紐の結び目のような感じにさえ見える。海水のため皮膚のいたるところには無数の腫瘍ができ、その傷口は周りの肉が盛り上がってまるで火山のような形になる。皮膚全体は恐ろしく白い状態になり、しわの上にまたしわができる。髪はもつれて垂れ下がり、やがて魔女のような感じになっていくのである。

夜には寒さで震え、日中は焼けつくような暑さにあえぎ、日暮れと夜明けだけがわずかなくつろぎを与えてくれるに過ぎない。食べ物に思いを費やす時間ばかりが多くなり、過去に交わしてこれまで気にも留めなかったはずの言葉がわけもなく気になってくる。

人間がこれほどまで未練がましく執着心の強い生き物であったのかということを彼はいやというほど思い知らされた。海水に長時間漬かり過ぎていたために、腫瘍は破れ悪臭を放ち、両腕は鉛のように重く、思考力はどんどん鈍化していく。こうなるともはや、善と悪、美と醜の区別すらつかなくなる。

●迫りくる死の恐怖との戦い

彼の日課は単純だった。食料と水を節約して、魚捕りに明け暮れ、蒸留器の穴漏れの修理や手入れを繰り返し、なけなしの水を回収するという作業の繰り返しである。魚を釣り上げてはのたうちまわって暴れるシイラを狂ったように押さえ込み、血まみれになって肉や内臓をむさぼり食うのである。もはや、それらは生き残るための条件反射といってもよかった。

漂流43日目、ゴム製のイカダの一部についに亀裂が入ってしまった。破れた部分より、大きな泡が噴出してイカダは半分沈みかけた状態となる。ただならぬ事態に彼は狼狽した。そして急きょ破れた部分を塞ぐためにあらゆる努力をしなければならなかった。しかし隙間をいくら修理しようが空気の漏れを止めることはできない。猛暑の中での作業は一段と過酷をきわめ、口の中は塩辛く、喉はカラカラで、おまけに筋肉は消耗しつくしていた。疲労の極《きわみ》に達した彼は水浸しの状態になり、半ぼけで寝たり起きたりをくりかえした。

それから1週間は破れた部分を塞ぐこととの格闘にひたすら明け暮れた。彼はほとんど寝ることもなく、なんやかやと絶えず休みなく体を動かしていた。しかし作業ははかどらず、依然、空気洩れは止まることはない。荒れ狂う海水が入り込み、その度に彼の体は翻弄される。

無数の腫れ物は化膿して膿もひどくなり、身体のいたるところが痛くときおり激痛が走る。ついに神経がどうにかなったようで精神がパニック状態になってきた。考えが何一つまとまらないのだ。手がかりはなく一切が深みに落ちていくようである。

（もうダメだ！　終わりだ！）

左腕は完全に麻痺し体を動かそうとしてもできなかった。感覚も失われていた。激痛とキリキリ刺し込むような痛みの中で、彼はついに最期のときがきたと悟った。幻覚とも現実ともとれない感覚の中で神の概念を追い求め、死後がせめてやすらぎに満ちた世界であることを念じようとした。涙が頬をつたい海水と混じりあった。まもなく自分は死んで跡形もなく消え失せるのだと。

ついに視界は黒から灰色、次いでオレンジ色への変化が起き始めた。死が彼を捉え始めたのであろう。亡霊が招き、無数の死神が彼の体を引っ張っている。しかしそのとき、彼は頭の中で別の声が自分にがなりたてているのに気がついた。

（目を開けるのだ！　頭を冷やせ！　泣き言を止めるのだ）

（よし！　体を上に起こせ！　その調子だ）

（精神を集中しろ！　原点に立って考え直せ。チャンスは一回限りだ）

彼は次第に自分の気持ちがはっきりしてくるのに気がついた。

「生きたい！　生きていたい！　生き続けたい！」

彼はそのとき、胸の内から叫び声をあげる自分の声をはっきりと聞いたような気がした。同時に朦朧《もうろう》とした頭で今何をなすべきなのか見極めようとした。そして応急セットの中にフォークがあることを思い出した。夜が明けるのを待ってふたたび修理にとりかかる。

問題は破裂箇所に継ぎあてとして押し込まれていたゴム栓を抜けなくする方法であった。いくらきつく縛っていても、空気が入れば紐が滑って抜け落ちてしまう。彼はこれまでの失敗を整理して考えた。裂目に押し込んだゴム栓に切れ込みをつけ、折ったフォークの歯を差し込んだらどうだろう。そうすれば空気が入っても、圧力で紐が抜け落ちるのを食い止めるはずだ。彼はさっそく実行に移った。

そしてこの作業をひと区切りごとに休み休みしながら数時間もかけて続行した。空気を入れて、締め金をさらに数回ねじり、もう一つを付け加え、新しい紐をさらに念入りに巻きつけていく。考えつくありとあらゆる方法を試みた。さらに数時間が経過した。

そして結果は成功した！　イカダは見事水面から持ち上がった。以前のように丸く堅くなったのだ。彼は空気を一杯に吸い込んでイカダの床に倒れ込んだ。

体は依然、飢えと渇きにさいなまれ、傷の痛みも激しかったが気分は実に晴れやかだった。ついにやり遂げたのだ！　死と隣り合わせの2日間は終わったのである。

●ついに陸地の火が！

漂流生活は60日におよぼうとしていた。彼はイカダのおよその位置を探るために、三本の鉛筆を組んで六分儀をつくり上げ、夜になると北極星の方角に合わせて緯度を計ったりもした。それによれば、西インド諸島のどれかの島に到達できるのは、後20日前後ということであった。しかしそれまでイカダや体力が耐えうることができるのだろうか？ さらに数日経つと、見なれない藻が海面に多く漂い始めた。流れ藻には小さなエビやカニが多く寄生していたが、彼は見つけるとそれをすくって食べた。誤って飛び込んできたトビウオも食べた。海面下にはこれまでに見たこともない種類の魚が泳ぐようになってきた。それは大陸棚の浅い海底にまで達した証拠なのであろうか。

「目的地はまもなくだ。頑張れ！」

彼は自分に言い聞かせた。そして救助されずとも自力で島に到達するんだという信念も湧いてきた。

漂流76日目の夕方、ぼんやりした明かりがわずかに見えた。それは点滅しているようだったが動く気配はない。数秒後、彼はそれが陸地の灯台の光だということに気づいた。彼はまるで見えない相手とダンスをするように両手を差し出し抱き着く格

遠くにかすかに点滅する光が！

好をした。そして非常用に貯めていた1ℓの水を景気よくラッパ飲みにした。祝福のシャンパンとして！

そして何度も自分の体をつねってみた。やはり夢ではない。

涙が後から後からあふれ出てきた。ついに過酷な試練に打ち勝ったのだ。こうして彼の生死を賭けたドラマは終わった。彼は神の与えた試練を見事乗り越え生還を果たしたのである。

その後、彼は体の機能がふつうの状態まで回復するのに丸6週間を費やしたという。長期間の漂流生活によって内臓は肥大化し、体の内部に水分が溜まった結果、体重が7kgも増えていたのである。棒のように細くなった足に靴が履けるようになるまでには、さらに6週間待たねばならなかった。


彼は後にこう述べている。

「私は漂流によって海の非情さをいやというほど味わった。そこでは自分がいかにちっぽけでケチな存在であるかを十二分に思い知らされたといえるだろう。絶望的な心理状態は死の恐怖と恐ろしい孤独感を生み出したが、それらを乗り越えた今、私は生きることの大切さ素晴らしさを実感し、地球上で飢えと病気で苦しんでいる多くの人々の心を肌で感じ取れるようにさえなった」


人間の試練は思いもかけぬ形である日、突然降りかかってくるものである。だが、その試練を乗り越えたとき、人は真の勇気に目覚め、真の優しさがわかるときなのだと思う。

アイスマン
20世紀最大の発見、5000年前の男

●氷河より謎の遭難者の遺体

１９９１年9月21日のチロル地方の地元誌は次のような記事を掲載していた。

「9月19日、海抜３２００ｍのフィナイル峰からイタリアに下山するルートの途上で、ある登山家夫妻が氷から突き出た人間の遺体を発見した。遺体は頭部と肩が露出しており、携帯品などから何十年か前に遭難した登山者の遺体と思われる」

最初この遺体は遭難者の遺体だと考えられた。なにしろ、この付近は過去の遭難者の遺体が発見されることで知られていたのだ。１９９１年だけでも6体の遺体が発見されているのである。事故で遭難した人間は、クレバスの底深く落下してしまい、ゆっくり流れる氷河の力で押し出されてくるまで何十年もかかることがあった。そのため、遺体が発見されてから過去における失踪者のリストの照合が行われるのが常であった。

過去における遭難者が調べあげられた結果、1941年に遭難したイタリアの音楽教師ではないかとも考えられた。しかしもし1941年の遭難者であるとすれば、実に半世紀を経てから発見されたことになる。

しかし今回の遺体だけは、過去に発見されたものとは少し違っているように見えた。両脚は皮製の靴を履いており、銅製の斧を持っていたからだ。これらは現代のものではなく、かなり古い時代のものであることを物語っていた。ある学者は、15世紀にこの地に勢力を持っていたフリードリヒ4世の兵士の1人ではないかと考えた。背中にある傷跡は火で焼かれたか鞭に打たれたためにできた傷で、後頭部に深い傷があるのは戦いによる負傷と考えられたのだ。つまりこの遺体は退却中に敵に捕らえられ拷問を受けて殺され、そのまま放置されたのではないかと考えられたのである。

死後500年以上も経った中世の遺体かもしれないという噂はニュースとなり、オーストリアのテレビの取材班がヘリコプターに乗ってやってきたほどであった。

しかしその後、さらに小さな石製の短剣などが発見されるにし

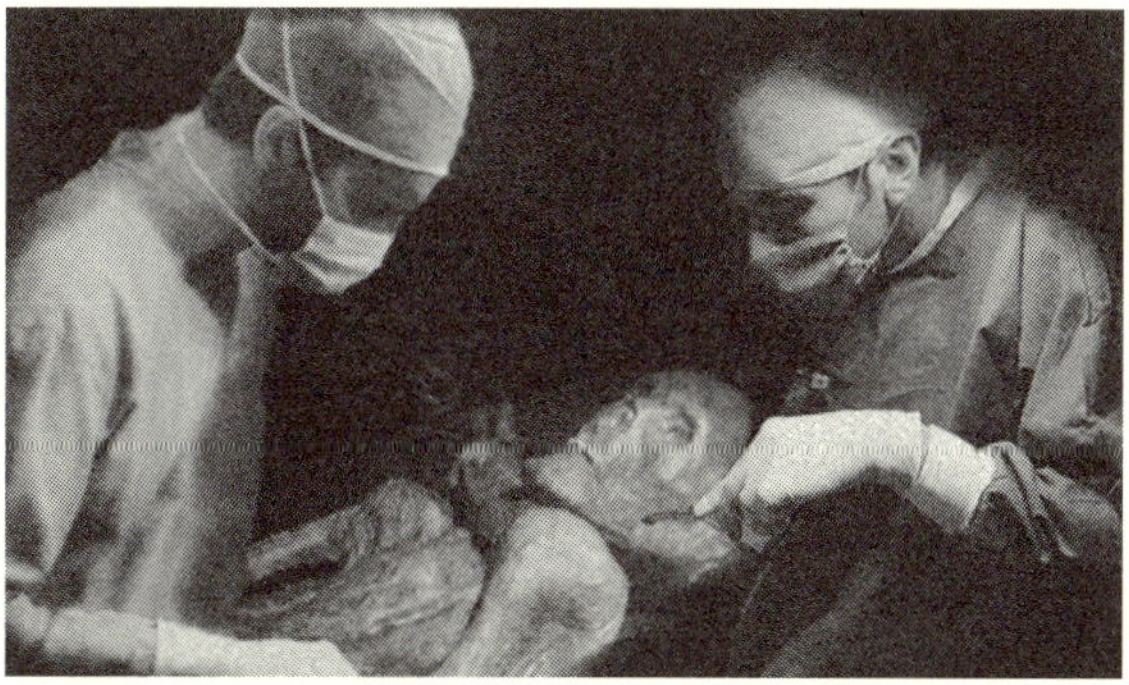

アイスマンは詳細に調べられた

たがい、この遺体が500年どころか、それ以上の年数が経過しているかもしれないという可能性も出てきたので、オーストリアにあるインスブルック法医学研究所に運ばれ、さらに詳細な調査を受けることになった。

このとき、この遺体と対面した研究所長シュピンドラーは、ツタンカーメンの棺を開けてファラオのミイラと対面したカーターの気分だったと述べている。

そして事実、後の調査により、これが20世紀最大の考古学的発見といわれる衝撃的な事件となるのである。この遺体こそ、その後マスコミによって「エッツィ」（エッツ峡谷の雪男の意）とニックネームをつけられることになるアイスマンであった。

●遺体は5000年以上前のものだった!

放射性炭素法による年代測定で判明した結果は実に驚くべき事実だった。遺体は少なくとも5000年以上も前の人間であることがわかったのだ。さらに慎重を期すため、4か国の研究所に依頼して測定したところ、やはり解答は同じであった。つまりこれらの研究所の測定によると、発見された遺体は紀元前3300年から3200年あたりということであった。紀元前3300年というと、今から5000年以上も昔ということになるのだ。

5000年以上の昔はどういう世界だったのだろう? そのころ、ピラミッドはまだ一つも建設されていなかった。メソポタミアでは人類最初ともいえる世界最古の文明社会がようやく芽生えだしたころである。このころ、石器にまじって銅を使った簡単な道具がようやく使われ始めていた。絵文字が発明されたのもこのころだ。一方、日本では原始時代のような生活が果てしなく続いていた。農耕が始まり文明社会らしいものが形成されるには、まだ３５００年以上も待たねばならなかったのだ。

彼、アイスマンが生きたのはこのような時代だったのである。

アイスマンは冷凍室に置かれ、細心の注意をもって保管されることになった。冷凍室から取り出して調査、研究できる時間はわずか30分だけに限られていた。というのも、いったん冷凍室から取り出されると、急速に溶解が始まり遺体の細胞が壊されていくからである。そのためすばやく調査してはすぐに冷凍室に戻すということが幾度となく繰り返された。そのようにして得られたデータは次のようなものであった。

レントゲンとＣＴスキャンによる精密検査の結果、アイスマンは47歳ほどの男性であることが判明した。身長は１６０㎝ほどで生前の体重は50㎏前後だと思われた。歯はかなり磨耗していたが、これは小道具をつくる際に、皮を噛んだり、ものを噛み切ったりしていたためであろうと考えられる。しかし現代人の99％が虫歯なのに対して彼には１本の虫歯もなかった。

また当初、体の傷跡と思われたものは、入れ墨の跡であることも判明した。背骨に沿って縦に並んだ平行線の束が数か所あったのだ。色は濃い青色をしている。これらの入れ墨はどういう意味を持っていたのだろう？　芸術表現や儀礼的なもの、愛情や憎悪をあらわしたもの、社会的地位や宗教的な意味、あるいはお灸のような治療目的なのか、いろいろ推測されたが詳細は不明である。

またアイスマンの右の耳たぶにはイヤリングをしていた跡があった。さらに750時間もかけて、アイスマンの生前の顔を復元する作業もなされた。それによると、下唇が現代人よりも少し出ていたようで、いわゆる受け口で上唇は薄く、下顎は形よく盛上がっていたようだ。

おでこは広く鼻は高いが、やや出っ張っていたと思われる。要するにそれほど悪い外見ではなく、見方によっては優しい感じにも見えたのではないだろうか。

●精巧につくられていた携行品

同時にアイスマンが携行していた品々の内容も詳細に調査された。それらは明らかにされるにつれ、驚愕すべきものであった。5000年以上も前に彼が持参していた品々は、実に精密につくられていたのである。携行品の中には今までに見たこともないようなものも含まれていた。

内側に草を詰めた皮製の靴、毛皮の帽子、皮の前掛け、シカの皮をつなぎ合わせてつくられた上着やコート、山羊皮製のリュックサック、銅製の斧、毛皮製の矢筒と12本の矢柄、13㎝ほどの非常に小さな石製の短剣など、携行品の中には矢の修理セットから6種類の発火道具を入れた子牛皮の袋まで装備されていたのである。

弓は最初、杖と思われたが手で握る部分が太くなっており両端には弦を固定する工夫がなされていたので弓幹だと判明した。この弓は長さは182㎝ほどあり、その材質はイチイの木でつくられていることもわかった。イチイは海抜1400m以下のところだけに生える常緑低木の一種である。

有史時代になってからも、弓といえばすべてこの木でつくられるほど弓には最適な材料であった。ともかく丈夫で柔軟性に富んでおり、めったなことでは壊れないのである。しかし弦は張られた形跡もなく未完成だった。彼はこれを削って完全な弓に整形中であった。先史時代の未完成の弓が発見されたのは今回が初めてであった。

矢は長さ85㎝ほどあり、先には矢じりがつけられていて、その接合部分は白樺のタールが使われていた。矢羽はワシの羽がつけられていたようである。矢は12本発見されたがほとんどが未完成で、使用できるのは2本だけであったという。

装備品のなかには小太い鉛筆のような小道具があった。それはこれまでに一度も発見されたことがないもので、その用途が議論された。それは全長11・9㎝、直径2.6㎝で非常に硬い物質が中心に入っており、回りをシナノキの樹皮で囲んでつくられていた。後ろの端はくぼんでおり、おそらく紐で縛って紛失を防ぐのが目的と思われた。芯にあたる部分は直径5㎜ほどもあり先端は黒ずんでいた。

材質を特定するのに手間どったが、結局これは鹿の角であることが判明した。つまり、これは短剣の刃や火打ち石などをつくる際の修正用の小道具であったのだ。まず石を大きく打ち砕き、さらに刃として形を整えるときの微調整を行うのが目的だったらしい。先端が磨耗してくれば、鉛筆のように木の部分を削って新しい先端を出したのであろう。

アイスマンの靴のサイズは24・5cmで、底は革製で楕円形をしており、縁が巻き上げられて革紐で縁取りされていた。中にはネットが縫い込まれており、その間に干し草が詰められていた。おそらく保温とクッションの両方の機能を兼ねていたのであろう。アイスマンはこの靴に足を入れて紐をしめて縛っていたのである。したがって常時、履きっ放しの状態と考えられた。発見された靴としては最古のものである。

携行品の中には奇妙なものもあった。それはコルクか革のようなものの真ん中に穴が開けられており紐が通っていた。分析の結果、直径4.5cmほどのコルク状のものは、白樺に生えるサルノコシカケ科のキノコであることが判明した。この種のキノコは抗生物質を含んでいることが知られており、特に結核菌などに効果がある。20世紀になってもこの種のキノコは医薬品として売られていたのである。つまり彼は、5000年以上も前にキノコの効能を知っており、医薬品として携行していたということであろうか。これは実に驚くべきことだ。

●5000年前の羊飼いだった?

アイスマンは旅をするに際し、籠《かご》を背負っていたと思われた。これは古代のリュックサックと呼べるもので、ハシバミの棒をU字形の枠にして、その両端をカラマツの板2枚を紐でつないでつくられた背負い籠であった。この種の背負い籠は、最近までチロル地方で使われており、ハシバミの棒を軽金属に置き換えれば現代の観光客が使っているリュックサックになる。すなわちこのリュックサックの起源は5000年以上も前にさかのぼるということが明らかとなった。

アイスマンはこのような旅道具ともとれる携行品を携えて一体どこへ行こうとしていたのだろうか？　そして彼の職業は何だったのだろうか？　最後の日に何が起きたのだろうか？

それについてさまざまな仮説が考えられた。まず彼は古代の商人で、火打石の交易を行うためにアルプス越えを行っていたというもの、あるいは僧侶で山越えの最中であったというもの、放浪しながら狩りを行っていた狩人だったというもの、鉱山関係者で火打石の取れる採掘場を見つけようとしていたのだというものまでいろいろとりざたされた。

アイスマンは古代の羊飼いだったのだろうか

しかし今ではアイスマンの職業は、古代の羊飼いだったのではないかと考えられている。発見されたワラやマント、草でつくられたケープなどは羊飼いに特有の服装であったからだ。現代の羊飼いも、夏になると4か月ほどは山の牧草地に入っていくが、これは5000年も前から延々と変わることのない習慣といってもいい。彼はそのとき、スモモを食料として持参していたが、このことから季節は8月末から9月初めごろであったのだろう。

さらに死因は、飢えによるものでもなかった。つまり彼のそばにはスモモやヤギの肉が手付かずで残されていたからだ。また横になる前に、荷物類をきちんと置いていることを考えると、急に倒れてそのまま死んだのでもなさそうだった。彼は何らかの理由で寝込んでしまい、そのまま凍死したと考える方が妥当だと思われた。

●5000年前のその日に何が起こったのか?

彼が持っていた未完成の弓やこれらの状況証拠から、次のような事態が彼に降りかかったのではないかと想像された。

その日、彼は弓をつくるために材料となるイチイの木を捜しに一度山を下り、急いで山の上に引き返した。しかし山の天候は変わりやすく嵐が急に近づいてきた。あせった彼は二つの大きな岩に挟まれた隙間を見つけて、しばらく嵐をやり過ごそうと考えた。しかしそこには、火を起こすための木は1本も生えていなかった。疲労困憊した彼は、暖をとることもなくそのまま寝入ってしまうことになる。だが、その眠りは5000年以上たっても目覚めぬものとなった。彼は不快に感じることなく心地よく死の世界に旅立っていったというのである。

しかし最近のX線写真撮影によって、アイスマンの左肩には長さ約２㎝ほどのやじりが埋まっているのがわかっている。このほかにも動脈付近に裂傷があることがわかった。つまり身体にいちじるしい損傷を受けた結果、大量出血につながり、死に至った可能性が高いというものである。さらに後頭部には石などで殴られた脳内出血の痕跡さえあった。

これらの新事実によって恐るべき事実が明るみにされた。彼は何らかの争いに巻き込まれ、逃亡中に負傷し、何者かに殺害されたというのだ。つまり矢を受けて負傷し、息も絶え絶えになって倒れ込んでいるところを石斧のようなものの一撃でとどめを刺されたというのである。そうなれば、アイスマンが発見された場所は５０００年も前に行われた殺人の犯行現場ということになる。

いずれにしても、今となっては５０００年も前に起きた事件が何であったのか、また加害者が誰なのか、その真相が解明されることは永久にあり得ないだろう。

しかしその後の彼の体に何が起きたのかはおよそ推測することができる。彼の体は、次第に乾燥し、やがて冬の到来とともに雪に埋もれていく。そのうち、彼の体は氷の中に閉じ込められ、さらに氷河がその上に被さっていくのである。そして５０００年という気の狂いそうな時間だけがひたすら過ぎ去っていったのだ。

彼が永遠の眠りについてからしばらくして、文明のあけぼのと呼ばれる四大文明が誕生した。さまざまな信仰がなされ宗教が生まれた。いろいろな民族が大移動を繰り返し、無数の文明が果てしなく興亡を繰り返し、数えきれない戦争が起こった。迷信の中世の時代になり、ルネサンスが起こり、やがて産業革命の時代になると、科学技術が飛躍的に伸びた。たちまち地球上のありとあらゆるところは探険しつくされ、地球以外の惑星にも探査の手は及んでいったということであろう。

現在、彼はインスブルックの完全防備された零下5.5℃の冷凍室で眠っている。彼の見果てぬ夢は今も続いているのである。

第3章

戦争にまつわる惨劇

バイカル湖の悲劇
人類史上、未曾有の大量凍死

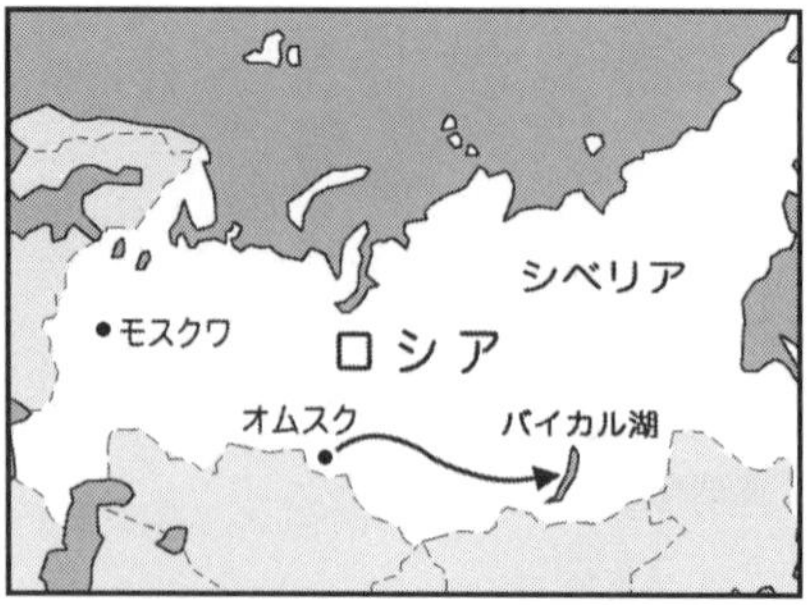

●シベリアの真珠

バイカル湖は中央アジアとシベリアの中間に位置し、周囲を深い原生林に囲まれた三日月型をした巨大な湖である。長さは640kmほどで総面積は3万1500㎢もあり、平均深度は730m。この巨大な湖に約350の河川が流れ込んでいる。

別な表現でいえば、琵琶湖の面積の50倍、水量では850倍である。これは北米の五大湖の全水量に匹敵する。つまり地球上の全淡水の2割の量を占めているといえば、バイカル湖がいかに巨大な湖なのかわかるだろう。

この巨大な湖は1年のうち半分は氷に閉ざされ、湖面全体が凍ってしまうという極寒の気象条件下に置かれている。凍った巨大な湖面はシベリアの真珠ともうたわれ、大変美しいものである。しかしこの湖の底には今も25万ともいわれる大量の人間の魂が眠っているという事実は意外に知られていない。歴史の闇に葬られてしまった悲しい史実の一つがここにある。

●死の逃避行の開始

話は100年前にさかのぼる。時は第一次世界大戦の最中、連合軍陣営としてドイツとの戦いを続けていた帝政ロシアに突如革命が起き、ロマノフ王朝は崩壊してしまった。やがて政権を握ったソビエト政府はドイツと休戦協定を結んでしまい、逆にロシア国内で帝政ロシアの復活を目指す白軍との戦いを始めた。

白軍は帝政ロシアのコルチャック提督に率いられ、東ウラルのオムスクという都市を拠点に、革命軍である赤軍と激しく戦ったが、1919年の11月についに占領されてしまった。そこで再起をはかるために東に逃れることとなった。目指すは赤軍の追手のかからぬはるかシベリアの奥地である。

白軍は50万を数え、それに帝政時代の貴族、僧侶などの亡命者75万人が加わった。うち約25万人以上は女性や子供だった。彼らは帝政ロシアを復活させるための軍資金として500tのロマノフ金貨と財宝を携えていた。

軍民合わせて125万人の大キャラバンは、赤軍に追い立てら

1917年2月、ついにロシア革命が勃発

れるかのように死の強行軍を開始した。しかし目指す目的の太平洋岸に到達するには、８０００㎞もある広大なシベリアを横断しなくてはならなかった。おりしも気温は急激に下がり、恐ろしい冬将軍が到来しようとしていた。

気温は連日零下20℃まで下がり、烈風は恐ろしいうなり声をあげて吹雪となり人々に容赦なく襲いかかってくる。この恐ろしい環境下では、吐いた息は音をたてて凍り、肺の中は霜のようになって呼吸することさえできなくなる。まぶたの前にはツララがぶら下がり、泣きたくても涙は凍ってレンズのように目をおおってしまうのである。

●襲いかかる極限の寒波

行軍開始より凍死者が後を絶たなかった。動けなくなった者はそのまま見捨てられた。最初は励まし合っていた人々も、今は無表情で足を交互に動かしているだけだった。毎日毎日凍死した死人の列がその跡に連なっていった。20万の人間が一晩で凍死した日すらあった。

それでも、死の行進は休むことなく続けられた。３か月が経った。最初１２５万いた人々は25万人ほどに減ってしまっていた。脱落し見捨てられた人間は大部分が凍死したのである。やがて燃料も底を尽き、運搬のための馬もあまりの寒さにことごとく死んでしまった。そしてついには５００ｔの金塊も見捨てられるときがきた。

それでも生き残った25万の人々は、２０００㎞離れたイルクーツクまでたどり着いていた。しかしここに、人々の前には凍った巨大なバイカル湖がたちふさがっていた。凍った湖面はガラスのようにキラキラ光り、氷の厚さは3mほどある。向こう岸に到着するにはまだ80kmほどの距離を歩かねばならない。しかし人々は今一度最後の安全をはかるために、渾身の力を振り絞ってバイカル湖を横断することに決めた。

25万の人間の集団がトボトボ渡り始めた。それはまるで亡者の行進のような景観だった。そのときだった。脳天をもカチ割るかのような恐ろしい寒波が彼らに襲いかかったのだ。たちまち猛吹雪となり、バイカル湖の上は極限の寒さにまで下がり始めた。

その寒さは零下70℃にまで下がり、もはやいかなる毛皮を身にまとっていようと無意味であった。湖面の中ほども行かぬうちに何千人もの人々は動けなくなり次々と凍死していった。

1人の婦人が急に産気づいたが、もはや誰もそれに手を貸す者などなく、無表情で通り過ぎていった。産声がほんのしばらくの間、聞こえていたがほどなく猛烈な風の切り裂き音にかき消されてしまった。

極寒の中、凍ったバイカル湖の上を25万の人々の死の行進が始まった

哀れな婦人は赤ん坊とともに、そのままの姿でコチコチに凍ってしまったのである。だが残りのすべての人々にも、まもなく同じ運命が待ち構えていた。やがて、気の狂いそうになる寒さの中で、25万人の人間が折り重なるように凍死していった。

あらゆるものすべてが凍りつき、もはや湖面上に生きているものは1人も存在しなくなってしまっても、累々と連なった凍死者の上空を弔うかのように、猛吹雪が立てる恐ろしい切り裂き音だけは悪魔の雄叫びのごとくいつまでも鳴り響いていた。

●暗い湖底に今なお眠る魂

凍死した25万の屍は数か月もの間、そのままの状態でとり残されていた。やがて、春がきて雪解けの季節となった。そのうち湖面の氷も溶け出した。

そうして兵士や女性、子供を含む25万人の凍死した屍はゆっくりとバイカル湖の水底深く引き込まれるように沈んでいったのである。遺体の中には、生まれたての赤ん坊とともに凍ってしまった婦人も含まれていた。

こうして125万人もいたキャラバンはことごとく死に絶えてしまった。人類の歴史上、これほど多くの人々が凍死した事実は前例にない。バイカル湖の暗い湖底には今も恨みを残して死んだ25万の魂が眠っている……。

ヒトラー暗殺計画
ワルキューレ作戦の真相、その24時間に何があったのか？

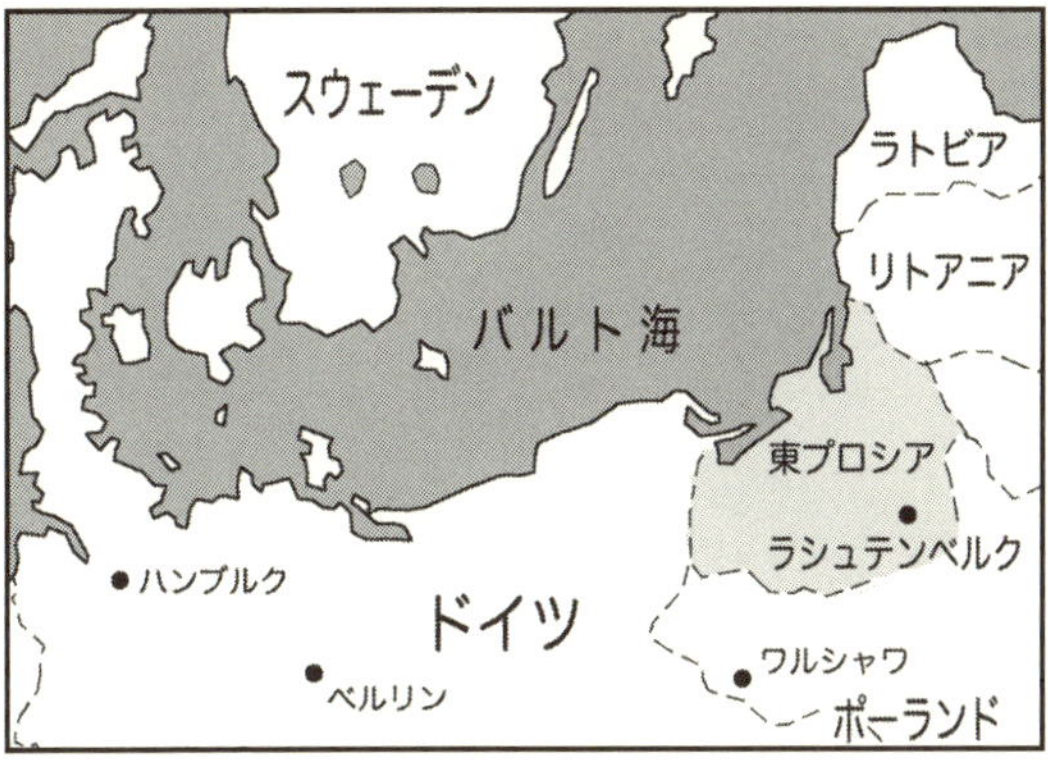

●運命の日

1944年7月20日午前6時、今日も暑い1日が始まった。その男はカミソリで髭を剃ると鏡に写った自分に言い聞かせた。

「きっと成功するさ。数時間後にはこの悲劇を終わらせることができるのだ」

彼はそう言って窓の外をながめた。そこには美しい湖畔と深緑に彩られた森のこずえが広がっているのが見えた。とても世界を相手に戦争をしている国の風景とは思えない。

身支度を終えたシュタウフェンベルク大佐は、会議に出席するために書類カバンをしっかり小脇に抱え込んだ。カバンはいつもより少し重い。そうだろう。中に2ポンドの高性能爆薬が仕込まれているのである。クルマの1、2台は木っ端みじんにすることができるのだ。

きっかり6時に迎えのクルマがきた。乗っているのは副官のヘーフテン中尉だ。クルマに乗って飛行場に向かう。着くとそこからハインケルに乗り換える。飛行すること3時間ほどで東プロイセンにあるラシュテンブルクに着くのだ。ここは森林地帯の奥深くに総統大本営の施設が構築されている場所でもある。

飛行機のタラップをのぼるとき、ふと見上げると真夏の太陽がギラギラと輝いていた。大佐はまぶしさに思わず目を細めると自分に言い聞かせるようにつぶやいた。

「今日は暑くて長い1日になるな」

●総統大本営へ

午前10時少し前、飛行場に到着。飛行機から降りると、いつものとおりクルマが待機している。今日の作戦会議は午後1時に始まることになっている。総統大本営に入るには3mほどの幅の道路をこのまま16kmほど走ることになるが、順次三つの検問所を通らねばならない。

クルマが停車した。最初の検問所だ。親衛隊の兵士が右手を高々と差し出して敬礼する。スコン！かかとを合わせる音が響いた。兵士はクルマの中をのぞき込むと手を差し出した。

「ハイル・ヒトラー！　証明書を、大佐殿」

「まるで道化の機械人形だ」いつもの光景に心の中でつぶやきながら大佐は平静さを装う。しかし鼓動は大きく脈打っている。耳の中でドックドックと聞こえるほど緊張しているのだが絶対にさとられてはいけない。やがて証明書を返すなり兵士が叫んだ。

「お通りください、大佐。おい、ゲートを開けろ！」いいぞ、うまくいった。その調子だ。

第二の検問所も無事通過。道路の両端には高い鉄条網が張られており、一部には高圧電流が流されている。さらに鉄条網の外側には地雷が無数に埋められており、まず侵入することは不可能だ。ここまでくると、回りはうっそうとした高い樹木に覆われており、敵の偵察機がきても下に何があるのかさっぱりわからないだろう。

特別証明書があるので、三つの検問所を通って作戦会議室まで行くことは難しくはない。問題なのは爆発してからここをどう出るかだ。おそらく一分一秒を争う時間との戦いになるだろう。大佐はそう思うと目を閉じ肩で大きく呼吸をした。するとこれまで起きた出来事が走馬灯のように脳裏に次から次へと再現されていった。

●読めないヒトラーの気まぐれ

２か月前、連合軍はついにフランスのノルマンディーに上陸してきた。ゲッペルスが豪語していた大西洋の壁はもろくも崩れ去った。その１年ほど前には同盟国イタリアが降伏し、連合軍は地中海より

大本営の第三検問所を無事に通過

イタリア半島を北上しつつあった。東からはソ連軍が雪崩のごとくポーランド付近まで攻め寄せてきている。ここに至り、ドイツは3方向から連合軍に包囲される形となり、余談ならぬ情勢におちいってしまった。

比我の差も歴然としており、敵の兵力はドイツ軍の数倍以上で、常に10倍以上の数の戦車を相手にせねばならないのだ。こうしている間にも三つの戦線は第三帝国の心臓部ベルリン目指して刻一刻と迫ってくる。このままではドイツの壊滅は時間の問題と思われた。

ヒトラー暗殺の計画はこれまでにも何度かあった。ヒトラーの搭乗機に爆弾を仕掛けようとしたこともあったし、ヒトラーが新しいデザインの軍服を見にきた際、軍服に仕込んだ爆弾で吹っ飛ばそうというものもあった。中には、東部戦線にヒトラーが視察にきたときに至近距離から銃で撃とうというものまであったらしい。しかしすべてがことごとく失敗に終わっていた。それはヒトラーの行動がまったく予期せぬものであり、先が読めないということからきていた。

ヒトラーは思い立つと予告もなしに旅行したり、気まぐれのように前線の視察に訪れたりした。それらはいつも急で予測できないことが多かった。警察ですら知らされておらず、その都度てんてこまいするのが落ちであった。そういうことに加えて、ヒトラーの身辺は親衛隊のえりぬきの隊員で厳重に護衛されており、とても武器を持った者が近づける状態ではなかったのである。

ヒトラー暗殺計画は古代北欧の神話に登場する女神の名にちなんで「ワルキューレ」いう隠語で呼ばれていた。これはばれた場合のことを考えて、表向きはドイツ国内で従事する捕虜や奴隷労働者たちの反乱が起こった場合、すみやかに鎮圧する作戦であるということにしていた。

●作戦会議室へ

第三の検問所で親衛隊の兵士に声をかけられた大佐はハッと我に返った。

「大佐殿、会議は30分繰り上げられました」

聞くところによれば、盟友ムッソリーニが午後2時半にくるそうで、そのため作戦会議は早められたようである。その上、総統は多忙なので要点のみの報告しか受け付けないらしい。重々しいカバンなど持っていけば不自然に見えはしないだろうか？　見つからないだろうか？　計画は実行するべきか中止にするべきか、大佐は迷った。ここまできた以上はすべては彼の胸三寸で決まるのだ。30分ぐらいの変更は計画に支障をおよぼさない。むしろ早めに吉報が送れるだけめっけものだ。よし、このままいこう！　かくして計画は実行に移されることになった。ヒトラーさえ死ねば、ドイツのこれ以上の破壊を防ぐことができるのだ。

その場合、ただちに官公庁の中枢を仲間が押さえ、ラジオを通じてヒトラーの死を全世界に流すことになっていた。クーデターによって生まれた新しい政府はすみやかに和平交渉を開始するだろう。このためにベルリンでもパリでも同士が待機状態なのだ。ただ彼らは会議が30分早められたことを知らない。

そうこうしているうちに、クルマは会議室のある建物の入り口の前まできた。シュタウフェンベルク大佐は自分は怪しまれずにヒトラーに近づき、爆弾を足下に置くことができる唯一の人間だと再認識していた。

警備の親衛隊でさえまさか彼がヒトラーの刺客であるなどとは決して思わないだろうとする大きな理由があったのだ。それは彼が北アフリカ戦線で負傷し、ひどい不具者であったことだ。片目片腕で残りの腕にも３本しか指がついていなかったのである。

このような人物が総統に近づきいかにして危害を与えることができるだろうか？ 実際、大佐は一度も身体検査もされることなく、所持品の検査も受けずに三つの検問所を順々にパスし、作戦会議室に入っていくことができたのである。

計画の中心人物でもあったクラウス・フォン・シュタウフェンベルク大佐

●爆発数分前

午後零時30分、会議が始まる直前、大佐は忘れ物があると言って立ち上がり、隣にある控え室に入っていった。そこで大佐は書類カバンのなかにある爆弾を作動させた。時限信管についていたプラスチックのケースを破ったのだ。これで信管部分に酸が流れ出すはずだ。この爆弾は酸が腐食して金属部分が溶けると爆発する仕掛けになっている。爆発までおよそ10分ほどだ。

書類カバンを手に持った大佐は会議室に戻っていった。部屋は縦12m、横5.4mの広さで中央に重いテーブルがあった。すでに作戦会議は始まっており、大きな地図の周囲にヒトラーをはじめ20名以上の幕僚たちが机の上に置かれた地図をのぞき込んでいるところである。

地図はロシア戦線のもので、その上に敵味方の部隊を意味する赤と黒のチェスの駒のようなものがたくさん置かれていた。大佐はカバンを机の下に置くと、そっと奥に押し込む。

ヒトラーは５ｍほど離れた場所で、身を乗り出すように地図をのぞき込んでいるところであった。もうぐずぐずしてはいられない。あと８分だ。作戦部長ホイジンガー将軍の東部戦線の状況説明が始まった。

「目下、我が軍はこの線を死守しておりますが、兵站部がおびやかされており、退却の必要に迫られております。対峙するソ連軍はウクライナ方面軍３個師団と見られ、ラトビアの我が師団は南下するも優勢なる敵の大部隊にはばまれております。全部隊は装備を再編し新たな戦線の構築が急務だと思われます」

「もういい！」ヒトラーの不機嫌そうな短い声が会議室にひびきわたった。

秘密の大本営で幕僚たちと作戦を練るヒトラー

「大佐！」大佐は一瞬びくっとした。ヒトラーがこちらを睨んでいる。

「予備軍のあらましを説明したまえ！」大佐は冷静を装い、予備軍の状況説明を始めることにした。

困ったことになった。このままでは説明している間に爆弾が破裂してしまう！

「総統閣下、現在、我が軍の予備兵力は、えー、後方にいる部隊を含めてですが……」

「要点だけにしたまえ！」ヒトラーの声が無愛想にひびく。この瞬間、大佐は救われたと思ったにちがいない。

「はっ！　わかりました。予備は7個の歩兵師団と2個の装甲部隊のみです。戦車大隊はパンター、ティーゲルを主軸とした3個戦車大隊が使用可能です」

「うむ、そうか」ヒトラーはうなづきながら地図を睨みつけている。彼の右手には赤の鉛筆が握られていた。左手はポケットに突っ込まれているがひっきりなしにモソモソ動いている。「この戦線におけるロシア方面軍の敵戦車数ですが……」再びホイジンガー将軍の言葉が続く。

大佐はベルリンに電話しなくてはとつぶやきながら、ゆっくり後ずさりして出口の方に移動した。もう行かなくてはあと5分ぐらいしかない。相変わらず将軍の悲観的な説明が続く中、ヒトラーは地図から目を離さない。ただうっとうしい雰囲気だけはよく伝わってくる。

大佐はゆっくりドアのノブを回すとそっとドアを開けた。蒸し暑い空気がワーンと入り込んでくる。大佐の姿をちらっと見るなり衛兵が銃を持ったまま背を伸ばしてかかとをカツンと合わせる音がした。廊下をゆっくり歩いているつもりでもついつい後ろが気になる。呼び止められはしないだろうか。外までもう少しだ。爆発まであと3分ぐらいだろうか。

建物を出て少し歩いていくとヘーフテン中尉がたたずんでいるのが見えた。クルマはいつでも発進可能になっている。大佐はよろめくようにクルマのドアを開けようとした。「ドォーン！」そのとき会議室の方向から耳をつんざく大音響が響きわたった。見ると時計の針は午後零時42分を示している。中尉がすばやく乗り込んだ。クルマが動き出す。あとは一刻も早くこの場所から脱出するのだ。

大佐は外出許可書と迫真に迫る演技で検問所の衛兵を煙に巻いていった。しかし何といっても、疑いをかけられなかった最大の理由は、その痛々しい身体ゆえに国民的英雄と見られていたことであろう。こうして三つの検問所を次々と通過したクルマは飛行場に向かって快走する。

30分後、待機中の飛行機に乗り込みながら大佐は心が踊るのを抑えきれなかった。

「やった。やったぞ！　これでドイツは破滅から救われた！」

午後1時15分、飛行機はベルリン目指して飛び立っていった。

●ヒトラーは死んではいない！

一方、フェルギーベルはヒトラーの死を確認するために足早に会議室の方向に駆け寄っていった。彼は総統大本営の通信隊の司令官で、ヒトラーの死を見届けるなり、すべての同士に連絡する手はずになっていたのである。彼は駆け足で近寄りながらヒトラーは即死したものだと固く信じきっていた。ところが、いきなりもやの中からヒトラーがふらつきながら足を引きずってあらわれたので、あまりの衝撃に卒倒しそうになった。

《なぜなんだ？　ヒトラーは死んではいない。ベルリンの仲間にどう連絡すればいいんだ！》

「総統閣下！　お怪我はありませんか？」

何がなんだかわからなかったが、ひとりでに心にもない言葉が口から飛び出した。

「ソ連機の空襲だ。ゲーリングは何をしとった！　あの劣等民族が……、おのれ！　余が……1000年帝国の……」

最後の方は聞き取れなかったが、かんしゃくを起こして呪詛の言葉をぶつぶつとつぶやいている。ヒトラーの髪の毛はブラシのように逆立ち、ズボンの片方はよれよれで尻の部分が黒こげになっている。ヒトラーはカイテル元帥の肩につかまって事務室に向かうようである。

フェルギーベルは暗殺失敗を連絡しようとしたが、すでにいかなる通信もヒトラーの承諾なしには発信すらできないことを知った。いくら司令官の彼でも自由にならないのだ。ではどうすればいいのだ？　フェルギーベルは失望状態に落ち入ってしまった。

この時点では、ヒトラーは警戒網をくぐり抜けたソ連機が低空すれすれで侵入し、爆弾を落としていったものと考えていたようである。やがてカイテルは爆発前に急ぎ足で会議室を出ていったシュタウフェンベルク大佐の奇妙な行動に気づく。その情報はヒトラーの耳にも伝わった。ヒトラーはたちまち顔を真っ赤にしてわめき始めた。

「あの……畜生めが！　余の命をねらうなどとは。裏切り者め、絶対に許さんぞ！」

爆発のショックから立ち直ったヒトラーは、しばらくすると助かったのは神の加護で自分は奇跡を起こすべく運命づけられているのであり、ドイツを勝利に導くために神がついているとのだと考え始めた。ヒトラー特有の思い込みからくる一種の自己暗示である。やがて盟友ムッソリーニが訪ねてきたころには、ヒトラーの機嫌もだいぶ回復していた。

「この瓦礫のこのへんにわしはおった。最初、余はロシアの馬鹿どもが奇襲をかけてきおったのかと思うた。新調したてのズボンが台無しになってしもうたわ」

ヒトラーはムッソリーニにジェスチャーを交えて説明する。時たま笑顔で説明するほどの余裕も戻っていた。ムッソリーニは爆発現場をきょろきょろながめながら、時おりヒトラーの説明にうなづいていた。この後、ムッソリーニはヒトラーと別れたが２人が再び会うことはなかった。

訪ねてきたムッソリーニに爆発のすさまじさを語るヒトラー

●いたずらに時間を浪費

午後4時ごろ、大佐はベルリンのラングスドルフ飛行場に着陸した。そこから上司のオルブリヒト大将のいる国防省に電話し、自信たっぷりにヒトラーは死んだと伝えた。だがフェルギーベルからの連絡がいまだこない。一抹の不安はあったが、オルブリヒトはワルキューレ作戦をいよいよ発動するときがきたと思った。

このとき国防省にいたフロム大将さえ動かせば、国防軍をすべて反乱軍の指揮下に置くことができるのだ。というのもフロムは国防軍の総司令官であったからだ。

大佐は国防省に着くなり、オルブリヒト将軍とともにヒトラーが死んだことやただちに陰謀派のために行動することをフロムに迫った。フロムはどちらにでもつく男だった。もしワルキューレ作戦が発動されたら、陰謀側に与《くみ》して真っ先にナチの主要人物逮捕に動くと思われていた。

ところがフロムはラシュテンベルクにある総統大本営に電話してみて、カイテル元帥から総統が無事だったことを伝えられる。もし総統が健在であるなら、反逆者どもを逮捕せねば今度は自分が罪に問われてしまう。

しかしここベルリンでは反逆者の方が権力を握っているのだ。フロムはどっちにつけばよいものか迷ってしまった。入ってくる情報は不確かで信ぴょう性に欠けるものばかりだ。フロムと陰謀者たちの間で激しい口論が続いた。結局、優柔不断なフロムは銃を突きつけられ部屋に監禁されてしまった。

　それにしても、本当にカイテルの言うようにヒトラーは生きているのか、それとも反乱軍をかく乱するためのデマなのか、陰謀派にとってもわからなくなってきた。真相を知ろうとして下手に電話をかけると、ゲシュタポに盗聴される危険がある。こうして優柔不断のまま、彼らは貴重な数時間を何もせずに過ごしてしまった。もしこのとき、ベルリンに残っていたナチの重要人物ゲッベルスの逮捕を最優先にし、放送局を占拠していれば情勢はどうにでもなったはずである。結局このことが反乱軍にとっては致命傷となった。


　やがて午後6時過ぎ、ゲッベルスの緊急声明が発表された。

「本日、総統の命をねらう卑劣なクーデターが企てられた。しかし総統は軽いヤケドだけでそのまま執務を再開し、午後にはムッソリーニ統領と会見し、第三帝国の今後の展望について長時間会談した」

　この放送を聞いて、陰謀派はさらに弱気になり絶望的になっていく。

「こんなのは嘘っぱちだ！」「ヒトラーは絶対に死んだはずだ」

　しかし動くはずだった部隊さえ日和見を決め込んで動かず、陰謀派は孤立無援の状態に追い込まれた。やがて反乱軍の中でも分裂が起こり始めた。次第に弱気になり、責任のなすり合いが行われたのである。自分の保身に走る者すらあらわれだした。ゲッベルスを逮捕しなかったことが悔やまれるが、すべて後の祭りだった。

　こうした最中、ヒトラーに忠実な将校団が結集し、反撃をかけてきた。国防省の建物内部で激しい銃撃戦が行われた。大佐もこのとき1本しかない腕に重傷を負ってしまう。


　やがて陰謀派は制圧され、フロムは部屋から救出された。フロムは解放されるなり、彼らをただちに銃殺にするとわめきだした。彼は陰謀に加担していないことを証明しようとやっきになっていたのである。主だった陰謀派の人間を処刑すれば、自分が関与していた証拠もすべて消えてしまうと考えていたようだ。

ナチ最高幹部の1人ゲッベルス宣伝大臣。クーデター派の将校を寝返らせ反乱鎮圧に大きな役割を果たした

　陰謀派の中心だったメンバーは中庭に引き出された。そこにはクルマのヘッドライトで照らし出されたにわか仕込みの処刑場がすでにできあがっていた。銃殺隊は一列に並んですでに待機している。ほとんど意識のない大佐は副官のヘーフテン中尉に抱きかかえられようにして銃殺隊の前に立った。

　このとき銃殺隊が銃をかまえた瞬間、意識をとりもどしたのか、目をかっと見開いた大佐は天にむかって叫んだ。

「我が聖なるドイツよ。万歳！」

その声が終わらないうちに銃殺隊の一斉射撃が行われ、ヘーフテン中尉もオルブリヒト将軍も全員が血にそまって倒れたのであった。大佐の長い1日はこうして終わったのである。

●残忍なヒトラーの復讐

深夜の午前1時、ヒトラーの演説が放送された。

「余がドイツ国民と最後の勝利を目指して奮闘努力している最中、一部の裏切り者が国家を乗っ取ろうと卑劣な行為を行った」

声はあらあらしい口調で続く。

「爆弾は余の2mのところで爆発した。多くの忠実なる幕僚たちが重傷を負い1人は死亡した。しかし余にまったくケガはなかった。これは神が余をゲルマン大帝国創設のため、その目的を行い貫徹させるためにとった神の真意である」

ものに取り憑かれたようにしゃべるその声はまぎれもないヒトラー本人の声である。

「反乱に与した者どもには神の裁きが降りるであろう。犯罪者どもは容赦なく逮捕され絶滅されるのだ」

最後の言葉は怒りの口調となり、がなりたてていた。

この事件におけるヒトラーの復讐は残忍そのものであった。7000人以上が逮捕され、そのほとんどが死刑になったのだ。多くの人間がゲシュタポの拷問を受け、最後はあっさり死ぬこともできずに恐ろしい死に方をした。ピアノ線がじわじわ首に食い込んで窒息死していく壮絶な死にざまを一部始終すべてフィルムに収められたのである。多くの者はゲシュタポに尋問される前にピストル自殺や服毒自殺の道を選んだという。

この暗殺計画には多くの将校が参加しており、緒戦に活躍した将軍も多く含まれていた。クリューゲ将軍もその1人で、召喚命令を受けてフランスからドイツに向かう道中で自ら青酸カリを飲んで命を絶った。国民的英雄ロンメルでさえ計画に加担していたと見られ服毒自殺を強要されたという。

これ以後、ゲシュタポの力はますます強大になり、軍の内部や民間人の組織の中に浸透し絶対的な力となっていく。全ドイツ軍にナチ式敬礼が強要され、あらゆる行動にも総統への忠誠が求められるようになった。もし少しでも反ナチ的な言動をしようものなら、ゲシュタポから目をつけられ反逆罪に問われるのだ。

ワルキューレ作戦の失敗は、ドイツを完全な破滅から救うわずかな光明さえ打ち砕くものであった。ここに至り、全ドイツ人はヒトラーとともに地獄の底まで道連れを余儀なくされるという恐ろしい選択肢しかないことを知ったのであった。

しかし自らの命を顧みず祖国を救おうとしたシュタウフェンベルク大佐の健気で勇気ある行動は戦後、英雄としての高い評価を受けている。

砂漠に消えた飛行機
神に見放された搭乗員がたどった地獄の運命

●不可解な失踪事件

世界にはこれまで原因不明の事件が数多く記録されている。原因の究明されない事件は、後に不可解な謎だけが残ることとなり、さまざまなミステリーを生み出す温床ともなった。

1872年に起きたメアリー・セレスト号事件は多くの人に知られることになった事件である。発見されたときは、船内に水や食料は豊富にあるのに、なぜか人だけが乗っておらず、船だけが海上を漂っていたという謎に満ちた事件でもあった。

メアリー・セレスト号には、船長とその妻、2歳になる娘のほか、7人の乗組員、計10人が乗り込んでおり、大量の原料を積んで、ニューヨークからイタリアのジェノヴァ港へ向かっていた。しかし発見されたときは無人の状態で、船内は朝食の最中だったらしく、食器類がテーブルの上に置かれたままであった。まるで、食事中に急用か何かを思い出してぶらっと席を立ち、そのままになってしまったような状態なのであった。

その後、船内に残された航海日誌によって、発見されるまでメアリー・セレスト号が10日間も幽霊船のように大西洋上を400kmあまりも漂っていたということがわかった。

調査がなされたが、船そのものには致命的な損傷など見当たらず、さして沈没の危険性もあったとは思えず、どうして乗組員がその船を見捨てることになったのか、また失踪した乗組員が、その後どういう運命となり、どこへ消えてしまったのか多くの謎を残すことになった。この不可解な事件は真相が解明されることもなく、今日に至っても謎のままなのである。

●砂漠の謎の無人飛行機

しかし飛行機にもこれとまったく同じような事件がある。第二次世界大戦の終結後13年も経ってから、広大なサハラ砂漠のまっただ中に1機の飛行機が不時着しているのが偶然に発見されたのである。飛行機はその後の調べで、アメリカ陸軍のB24爆撃機「Lady Be Good（善良な淑女）」号であることが判明した。おそらく大戦中に何らかの損害を被り、止むなく砂漠に不時着したものと思われた。

飛行機は1個のエンジンが脱落しているほか、さして大きな損傷があったとも思えず、ほぼ原形を保ったままで不時着していた。着陸時に胴体部分が中央からポッキリと折れたのか、あたかも瀕死の巨象が力尽きて横たわっているようにも見えた。

着陸していた場所は、カランシオ台地と呼ばれる高台で、およそ生物の痕跡など認められない見渡す限り固い砂と石ころだけが広がる荒涼とした場所であった。

ここはサハラ砂漠のほぼ中央に位置し、空路の盲点というべき位置にあったため、これまで13年もの間、発見されることもなかったのである。しかしなぜ、まったく方向違いの砂漠のど真ん中に不時着せねばならなかったのかという点が合点のいかぬ所であった。当時の連合軍の基地は北アフリカのベンガジにあり、不時着地点からは７００km以上も南にずれていたからである。

この事件はこのほかにも多くの不可解な謎がつきまとっていた。まず飛行機の内部には水や食料が豊富に残されており、与圧服もそのままで残されていた。たばこやチューインガムまでが残されており、コーヒーなどはポットに残されたままで13年経過した今でもすぐ飲めるような状態であった。しかし肝心の搭乗員の姿がどこにも見当たらなかったのである。

パラシュートがなくなっていたことから、全員がパラシュートで降下したと思われた。そうすると、搭乗員のいない飛行機だけが無人のまま飛び続け、一人でにフンワリと着陸したことになる。それ

発見されたときの様子

を裏付けるように、まもなく不時着地点から60㎞ほど北に行った地点で石が三角形に積み上げられているのが発見された。それは一定の距離をおいて並んでいた。おそらく搭乗員が目印とするために石で標識をつくったのであろうか？　しかし砂だけの低地帯にくると、標識はそこでプッツリと途絶えていた。すると搭乗員は砂の海に入り込んでいったのだろうか？

多くの謎の残るこの事件はいろいろと推測されて、いろいろなミステリーを生むことになった。結局、ヘリコプターまで動員して3か月にわたる大がかりな捜索までなされたが、肝心の搭乗員の遺体はとうとう発見されずじまいだった。

●日記から判明した新事実

ところが捜索も打ち切られて数か月も経ったころ、5人の搭乗員の遺体が砂の海で次々と発見され、一連の謎にも解明の兆しが訪れたのであった。その数か月後には、さらにもう2人の遺体もその先で発見された。発見された場所は予想もできぬほどの遠方であった。

そしてこのとき、遺体が身に付けていた日記から、搭乗員たちがどのような運命に陥ったのかが判明したのである。日記の内容は生々しいもので、当時の切羽詰まった人間の心理を表していた。それは想像を絶するほどの忍耐を要求される、まさに筆舌に尽くし難い過酷な運命であったことを物語っていた。

1943年4月4日、イタリアのナポリ港への爆撃が「善良な淑女」号に与えられた初仕事だった。実戦の経験もなく、訓練を終えてチームが編制されたばかりの9人にとってこれが初陣である。

任務が終わって帰投コースに入ったころには、あたりは陽が完全に落ちて夕闇状態になった。ナポリから彼らの基地がある北アフリカ海岸までは、まだかなりの距離が残されており、帰還するまでにはまだ数時間はかかると思われていた。

しかしこの日は違っていた。機は強い追い風に乗って予想以上に早くアフリカの北岸に到達していたのである。機長はそれに気づかず、まだ地中海上空を飛んでいるものだと思っていた。

新米の機長にとって、深夜に海と砂漠の見極めをすることは非常に難儀な仕事といってよかった。海面も砂漠もどちらも灰色に見えて、相当に目を凝らしておかないと海岸線を見落としてしまうからだ。

慣れない夜間飛行と強い偏西風が機長の判断をあやまらせた？

しかも作戦上無電封鎖がなされていたので、交信は厳禁とされており、そのため各機の判断で行動するしかない。つまり、この海岸線の見落としが自分たちの現在位置を見失うこととなり、砂漠の奥地に迷い込む原因になったのである。

基地上空をすでに通過してしまったまま、そのまま2時間以上も飛び続け、おかしいと気づいたころには、機はすでにカランシオ台地あたりまで飛行していた。つまり海岸部より700㎞も奥地で、ようやく異変に気づいたことになる。しかしこのとき、すでに飛行機の燃料は底を尽きかけていた。

機長のハットンは夜間の危険な胴体着陸より機を捨てる方を選んだ。そして搭乗員にパラシュートによる脱出を命じたのであった。

●搭乗員たちを襲った壮絶な運命

パラシュートで脱出した9人は信号弾の合図で集合した。しかし集まったのは8名で、1人は連絡がとれずに行方不明であった。結局、8名は夜明け前に地中海方面と思われる北へ目指して歩き出すことにする。しかしそれは悲劇の始まりでもあった。

携行するのは水筒1個だけで、これが彼らに与えられたすべての水なのである。このため、1人の割り当ては1日わずかにスプーン1杯分程度の水だけと決められた。

日中の砂漠は高熱と乾燥地獄である。灼熱の太陽の下に数時間もいると、ものすごい熱気のために、体中のいたるところから水分が蒸発し、たちまちカサカサのミイラのようにひからびてしまう。目前には恐ろしい熱気が起こす気流のために、陽炎《かげろう》のようにユラユラと揺れ動く灰色の景色が果てしなく続いているだけである。死よりも辛い炎天下での行進が始まった。

しかし歩けども歩けども、眼の前にあるのはギラギラと輝く砂の海で、それがどこまでも連なっているだけである。やがて疲労と乾きによって、意識も朦朧《もうろう》となった彼らには、もはや石で標識をつくろうなどという気も遠に消え失せていた。喉が詰まって呼吸ができなくなっても、口の中のどこにも粘液などなく、喉の奥までカラカラに腫れ上がっていて唾を飲み込むことさえできないのである。

４日目になると、台地が終わり、代わって砂だけの低地が広がっていた。一見、黒っぽく見える砂だけの低地帯は砂の海と呼ばれ、足を踏み入れるなり彼らにものすごい絶望感を与えることになる。

砂の海では一歩踏み込むと膝までズブズブと沈んでしまうのである。そのうえ、時おり吹き荒れる砂嵐のために一寸たりとも目を開けていられない状態になる。つまり盲人同然で手探りのような状態で進まねばならないのだ。そのうち眼球が突き刺すような痛みに襲われ出す。肺の中が焼け、気管が熱で燃え出したような感覚に襲われ、苦痛に胸をかきむしらねばならなくなる。

（水……）誰も考えることは同じだった。

（水……、水……）思考力はなくなり、ほとんど機械的に足を交互に動かしているだけだった。

5日目になると、ついに2人が脱落し、続いて3人が力尽きた。こうして5人が次々と力尽き、もはや一歩も進めぬ状態になった。そこで残った3人だけで北へ進むことにした。ほとんど空になった水筒は動けなくなった5人に与えられた。動けなくなった5人は救助の望みを3人に託し、砂の上に横たわり苦しそうにあえぐしかない。しかしそこから2日後にその2人も力尽きる運命にあった。それでも彼らは倒れるまでにさらに30㎞も進んでいた。

最後の1人となった21歳のムーア軍曹は、9人の乗員の中でも一番若く体力があった。2人が砂の中にうずくまって動けなくなった後も、彼は前進することを止めなかった。

目前には一際高い砂丘がそびえ立っている。そしておそらく、これが自分の越えることができる最後の砂丘だということもわかっていた。

彼は膝まで沈み込んだ足を交互に引き抜きながらさらに前進した。一歩一歩、それこそ、血のにじむような努力で前進した。彼は朦朧とする意識の中で自分自身に言い聞かせていた。

(俺たちは、ここまでくるのに死にものぐるいでがんばった。もう、かなりの距離まできているはずだ。あの砂丘を登り切れば、遠くまで地平線が見渡せるだろう)

(そうなれば、オアシスか、地中海のかすかな水平線ぐらいは望めるはずだ)

(ゴールは……、もうすぐだ……、がんばれ)

彼はこうして自分に叱咤しながら、渾身の力を振り絞って砂丘を上り詰めていった。事実、彼らは

7日間で百数十kmを歩き通していたのである。

そしてようやく砂丘の頂上についたとき、息も絶え絶えになった彼が見たものは、見渡す限り、延々と果てしなく続く砂漠の地平線だけであった。オアシスなど朦朧と立ち上がる熱気の中にどこにも存在しなかった。頭上には残酷な太陽がギラギラとまぶしく輝いているだけだった。その瞬間、彼の脳裏からすべての希望が音を立てて崩れ落ちていった。彼は神に見放され死の宣告を受けたのだ。もんどり打ってその場に崩れ落ちた彼は、息も絶え絶えに神を呪う言葉を吐き出した。そうしてそのままの姿勢で息絶えたのである。

こうして1人、また1人と力尽きて倒れていき、ついに8人全員が悲惨な最期を遂げたのである。彼らが全員死に絶えた後も、太陽は容赦なく遺体を焼き尽くし、1滴の水分さえも残さず奪い取っていった。やがてカラカラにひからびた彼らの遺体は、時間とともに熱砂の中に埋もれていったのである。

最後の1人となったムーア軍曹の遺体は、今なお発見されていない。おそらく、恨みを残したまま今も熱砂のどこかに埋もれているのだろう。行方不明であった1人は、その後の調べでパラシュートが開かずに墜死していたことが判明した。

●運にも見放された悲劇

以上が、「善良な淑女」号の搭乗員に降り掛かった地獄の運命のあらましである。経験不足といくつかの不備が重なり合って、彼らの運命がかくも悲惨なものとなってしまったのである。

彼らがもう少し広い地域をカバーできる地図を持っていたら、このような悲劇にならずにすんでいたかもしれなかった。南の方角へ歩き出せば、すぐに飛行機を発見できる位置にあったのである。もし機内に残っている水や食料を補給することができれば、生き延びることができただろうし、そこからそう遠くないところにオアシスすらあったのである。

しかし彼らとしてみれば、乗り捨てた無人の飛行機が有人さながらに、見事に着陸をやってのけるなどとは想像すらできなかったに違いない。

一方、アメリカ軍の方でも、「善良な淑女」号が反対方向のサハラ砂漠の奥深くに迷い込んだとは想像すらで

ハットンを機長とする９人のクルーたち

きずに、もっぱら地中海方面にばかり捜索機を出し、救命ボートが洋上に漂っていないかだけに気を取られていた。そしてついに、敵の対空砲火に撃墜されたらしいという結論に達し、搭乗員の遺族に戦死認定が出されたのであった。

思えば、水も食料もなく過酷な砂漠で、彼らが7日以上もの間、ぶっ通しで歩き通したという事実は驚嘆に値するともいえる。通常、そのような過酷な自然環境のもとでは、人間の限界は40㎞ほどだと考えられているからだ。しかし彼らは実にその3倍以上の距離を歩き通したのであった。つまり彼らは、自らの命と引き換えに偉大な記録達成をやってのけたことになる。それは前人未到の驚異的な金字塔を打ち立てたといってもよかった。

発見された搭乗員の遺体にはアメリカの国旗が被せられ、彼らの不撓不屈の精神は今なお讃えられているという。しかし見方を変えれば、この記録は死に直面した人間の飽くなき生への執着心のなせる業だったともいえるだろう。

これも戦争の残酷な歴史に隠された悲しい史実の一コマと言い切ってもいいのかもしれない。

東京大空襲
10万人が死んだ東京大空襲の真実

その夜は早春とはいえ、猛烈な北風が吹き荒れ身も凍るような寒さだった。この日、空襲警報は夕方と夜の計2回、人々はもう今夜の空襲はないものと思い、ようやく寝静まろうとしているころであった。このとき、まさに人々を地獄の底に突き落とす死神が近づいていることをまだ誰も知らない。

「まもなく爆撃コースに入る」

「OK、チャーリー・ワン、奴らの目は潰した。ちょろいもんだぜ」

「ジャップの飛行機はろくなのがないな。やつら種切れらしいぜ。後はまかせる」

「帰ったら、スコッチをおごれよ」

「ラジャー!」

●逃げ惑う人々

その家族は父親は兵士として出征中で、23歳の妻とようやく3つになった長男、生まれたばかりの赤ん坊の3人暮しである。時刻は午前12時を少し過ぎたばかり。長針はまもなく15分を示そうとしていた。突如、家中の家具や食器がカタカタと振動し始めた。地鳴りのような不気味な重低音が次第に大きくなってくる。

「空襲だ！　空襲だ！」外で誰かが叫ぶ声が聞こえる。

「カン！　カン！　カン！……」遠くで狂ったように鐘が打ち鳴らされている。

真っ暗な中、若い妻は急いで防空頭巾をかぶると、赤ん坊を背中にしょって、おむつやミルクなどを急いでかき集めて袋に押し込んだ。両手で寝ぼけまなこをこすっている男の子にも防空頭巾をかぶせると、あわただしく手をとって戸外に飛び出す。外に出ると火の粉がそこら中に舞っている。すでにあたりはどこもかしこも炎と黒煙で凄惨な火炎地獄と化していた。

「ドカン！　ドカン！」遠くで何かが落ちたのか、けたたましい炸裂音や爆発音がひっきりなしにこだまする。「ゴーン、ゴーン」頭上で金属的な鈍い音がする。見上げると、炎に焦がされた赤インクのような夜空に、巨大なクジラのようなＢ29の青白い胴体がくっきりと浮かび上がっているのが見えた。路上には、すでにリヤカーや荷車などに混じって逃げまどう多くの人々で身動きがとれないほどだ。

背中で泣き出した赤ん坊をあやしながら、彼女は逃げる場所を考えていた。「逃げろ！　死ぬぞ！」「早く！　早く！」人々のどなり合う声が聞こえてくる。ものすごい風に煽られて熱風が横から激しく襲ってくる。火の粉が渦を巻くように押し寄せてくるので目を開けていられない。彼女は男の子の手を引っ張って、人々の群れに押し流されるように川沿いの斜面を下っていく。

転がるようにたどり着いた先は土手であった。しかし、そこも逃げ場を失った人が大勢いて立錐の余地もない。そのとき、急に何かが降ってきた。ゴシッという音がして、たちまち何人かの人々がゴーと燃え上がった。

「キャー！　熱い、熱い！」ある女学生は、火だるまとなり、絶叫にも近い悲鳴をあげて激しく地面をころげ回る。しかし次の瞬間、女学生は黒焦げとなって動かなくなってしまった。落ちてきた焼夷弾に背中を突き刺され、シューと青白い火花を散らせながら、まるで虫ピンで止められた昆虫のように、死にきれずに地面をのたうちまわっている人もいる。その光景をすぐ横で、小さな女の子が目を見開いたまま恐怖で引きつり声も出せずに呆然と立ちすくんで見つめている。

突如、息ができなくなる苦しみに、人々は身悶えしながら地面にはいつくばった。彼女は背中の赤ん坊を胸に抱くと、男の子を自分の方に引き寄せて地面にうずくまった。そうするほかなかったのだ。あまりの熱さに空気さえ燃え出すような高温だ。シューシューと地面から音がして湯気が立ち上っている。道路の表面がメラメラと燃えていた。

「おかあちゃん！　怖いよ！」耳もとで男の子のおびえきった叫び声が聞こえる。「大丈夫よ。お母さんが守ってあげるからね」よつばいになった恰好で、彼女はそう言うと、男の子の手を取って自分の方に引き寄せた。すぐ耳元で激しく泣き叫ぶ赤ん坊の声が聞こえてくる。

そのとき、頭上で何かがバラバラと落下してくるのを感じた彼女はしっかりと男の子の手を握った。防空頭巾の下から恐怖の目で見上げる男の子の顔が炎で赤く染まっている。怖いのか母親のえりもとをしっかりつかんでいる赤ん坊の小さな手のひらも見えた。しかしそれが彼女の見た最後の光景であった。

●凄惨な焦熱地獄はこうしてつくられた

１９４５年3月10日に行われた東京大空襲は戦闘に関係のない民間人を狙った、史上まれに見る卑劣な蛮行であった。その方法は、焼夷弾を満載したＢ29の大群を地上すれすれに、それこそ地上をなめるように飛来させ、雨あられと焼夷弾の束をばらまいていくというやり方であった。

Ｂ29の編隊はまず東京の四方から焼夷弾の雨を降らせ、巨大な火の環をつくりあげた。そうして火の壁で人々が逃げ出せないようにしておき、その中心部に焼夷弾をばら巻き、人々の無差別虐殺を決行したのである。東京の下町一帯はこうして火の海と化した。しかも、おりからの風速20ｍという強い北風に煽られた火災は巨大な火炎地獄となり、想像を絶する凄惨な焦熱地獄をつくりあげた。

アメリカ軍はこの空襲を完全な奇襲とするために、いろいろと手の込んだやり方で下準備をしておくことも忘れなかった。数機のＢ29がおとりとして使われ、何回か東京上空に侵入しては退避を繰り返し、市民にもう今夜の空襲はないと思わせておいたのである。そうして人々が安心しきって寝込んだところを襲ったのであった。

まず手始めに、数機のＢ29が上空から大量のアルミ箔を空中に巻き散らした。これによって、お粗末な日本のレーダーは完全にその機能が停止してしまった。サーチライトが幾筋か上空に向けられたが、待機していた何機かがサーチライトの光源に向かって機銃弾を浴びせて沈黙させてしまった。彼らは本隊が来襲する前に探照灯をつぶし、レーダーを撹乱しておくのが役割であった。かくして奇襲の準備は整った。

大虐殺の任務をになうB29の大編隊は、そのころ、海面すれすれに飛来して東京に忍び寄っていた。東京上空に入ると、エンジンを止めてグライダーのように滑空し、全機がそれこそ電柱にも触れんばかりの超低空から侵入した。そして焼夷弾の束をバラバラと投下したのである。空襲は最初から一般市民を殺傷することを目的にしていたため、殺傷能力の高い焼夷弾のみ搭載していた。その搭載量は全機合わせると約38万発、2000tにものぼる量であったという。

焼夷弾とは木造の家屋を焼き払うために考案された爆弾で、120kgほどの重量がある。これが投下されると、地上700mほどで38本の小型の焼夷弾に分裂して地上へ降り注ぐ仕組みになっている。子弾は直径5cm、長さ50cmほどの細長い筒状になっており、中には黄燐《おうりん》、テルミット、油脂などが詰め込まれている。

テルミットとは、マグネシウム、アルミニウム、酸化鉄などの混合剤で、いったんこれに火がつけば、3000℃もの高熱を発し、鉄板ですらたやすく溶解してしまう。黄燐は火災を拡大させ、周囲に飛散して有毒ガスを出す。その毒性はものすごく人体を冒《おか》して骨まで腐食させるという恐ろしい物質である。

B 29の大編隊が焼夷弾の雨を降らせた

これらはものすごい速さで垂直に落下してくるが、地上に激突すると衝撃で爆発して周囲に飛び散り、あたり一面を火の海に変えてしまうのだ。その範囲は数十mにも達し、もし引火して服に燃え移ろうものなら、水はまったく受けつけず、もみ消すことは不可能に近い。あっという間に強烈な炎が身を包み、体全体を焼き尽くすのである。このため、多くの人々が生きたまま火だるまとなって死んでいった。

●10万人がわずか2時間で死んだ

その焦熱地獄は生き残った人々の証言によれば、身の毛もよだつ壮絶な生き地獄であった。大量の焼夷弾のために高温と化した大気は、普通では考えられない恐ろしい現象を引き起こした。そこでは火がものに燃え移るのではなく、あらゆるものが湯気を出し始めて、突如、燃え上がるのである。それは鉄柱さえも飴のようにグニャグニャにしてしまうほどの超高温の恐ろしい世界であった。消防車などこれほどの大火災になれば、何の役にも立つはずもなかった。

数え切れないほど多くの人間がこの巨大な火の壁の中に閉じ込められ、ある者は炎に焼かれ、ある者は酸欠状態になり窒息して死んでいった。そして業火は死んで折り重なった人々の体をあぶり続け、炭のようになるまで焼き尽くしたのである。

この地獄で10万人以上の人間が、ほんの2時間足らずの間に命を失った。幸運にも、助かった人々は体一つで運河や河に飛び込んだ人々だけであった。しかし、水中は氷のような冷たさで数分間も潜ってはいられない。体の芯にまで突き刺すような痺れが襲ってくる。たちまち手足の感覚がなくなり、胸が張り裂けそうになって呼吸困難となる。たまりかねて首から上を水面に出して深呼吸をしようとするが、そのほんのわずかな間にさえ髪の毛が発火して燃え出した。こうして凍死したり溺死したりした人々もまた数知れない。

B29の集団はこれでもまだ物足りないとみえ、火炎地獄と化した地上に、ゼリー状のガソリンを空から大量にまき散らした。それも終わると、今度は地上に向けて逃げまどう人々めがけて機銃をめったやたらに乱射したのであった。

●恐ろしい殺戮現場

翌朝、累々と焼死者の群れが横たわっていた。多くの死体は原型すら留めていなかった。8時間以上も燃え続いた火災は、地上にあるすべてのものを焼き尽くした。煙ともモヤともつかぬ白いものがあたり一面をおおっている。

どこもかしこも死体だらけで、焼け残った役所らしき建物の中をのぞくと、そこには殉死したと見られる多くの人々が黒焦げになって折り重なっていた。運河にはおびただしい水死者の群れが浮かんでいる。水死した遺体を路肩に引っぱり上げると、果てしなく連なってどこまでも地上を覆いつくした。

焼死体はまるで炭の丸太棒のように見えた。恐らく酸欠状態となり、折り重なって死んだ後、強烈な炎によって長時間あぶられたせいだろう。男女の区別もわからず山積みになっている。何日か経ってからも、東京湾にはその後ひっきりなしに無数の水死体が流れついたという。

完全に焦土と化した大地には死の静寂さだけが支配していた。ショックで半狂乱となり死んだ我が子を抱いてさまよい続ける若い母親の姿が目に入る。その腕には煙で窒息死してしまった赤ちゃんが抱かれていた。一晩で、両親や兄弟すべてを失った子供が呆然と立ちすくんでいる。路上には生きているのか死んでいるのかわからない人たちが寝そべっていた。彼らに表情はなく、かろうじて目玉が動くことで死体でないのが識別できるくらいである。

猛火のため炭化した多くの遺体が至る所に転がっていた。それらはほとんど人間らしい形をしていない。その中で、３人の親子と見られる遺体だけは、黒焦げになっているにもかかわらず、生前の原型をかろうじて留めていた。

母親は子供をかばうように折り重なっており、小さな子供と思われる黒焦げの遺体は、母親の手を握ったままの状態で、その脇には幼児らしき遺体も転がっていた。赤ん坊を背負っていた背中の白い跡が痛々しいかぎりだ。おそらく、若い母親と思われる遺体は、赤ん坊を背負い、幼い子

子供を背負って逃げていたと思われる若い母親と思われる遺体

供の手を引いて逃げていたところが、窒息して大地に倒れ伏し、そのまま業火に焼かれたものと思われる。おそらく、死ぬ直前までしっかりと抱き合っていたためなのか小さなかわいい手の跡が母親の胸に白くはっきりと残されていた。

●戦争犯罪の責任の行方

この夜、東京を凄惨な地獄に変えたのはサイパンやテニアンを発進した325機のB29の集団であった。これを指揮していたのはカーチス・ルメイ少将で、彼はその1年あまり前にヨーロッパ戦線で、じゅうたん爆撃を主張し、民間人などを目標とする無差別爆撃を強行したタカ派の将軍である。高高度からの爆撃に効果のあがらぬことに苛立ったアメリカは、強硬派のルメイ将軍をすえたのである。ドレスデン、ハンブルクなど多くのドイツの都市を焦土と化し、何万もの一般市民を焼き殺した彼らの大義名分は、これ以上意味のない戦争で犠牲者を出さないためにも、戦争を早急に終わらさねばならないというものであった。

戦争を早く終わらせるために、どうして非戦闘員である多くの老人や婦女子を殺さねばならなかったのだろうか？　アメリカのこの勝手な言い分は、2発の原爆投下の際にもお題目のように繰り返されることになる。本当は犠牲者のことなど眼中にはなく、あるとすれば、国家の利益を優先し戦後の世界支配を自在にあやつるための画策だったというのが真の理由ではなかっただろうか？

3月10日に行われた一度の空襲だけで東京の4割が壊滅し、26万戸が焼け100万人が家を失った。

その後、完全に焦土と化した東京はもはや魅力のある目標ではなくなり戦略目標からはずされたという。

この死のじゅうたん爆撃は、それを皮切りに日本のすべての都市に向けられていく。名古屋、大阪、神戸などが時期を同じくして壊滅していくのである。

3月10日の東京大空襲で、亡くなった犠牲者の数は果たしてどれくらいであったのだろう？

8万から10万人といわれているが、具体的な死者数は今でもよくわからない。墨田区の慰霊堂には約8万8000体の無縁仏が眠っている。

このほとんどが3月10日の空襲の犠牲者であると考えられている。そのほか、身元がわかって引き取られていった遺骨が約2万体、東京湾から流れ出て遠くの地に漂着した遺体、また今なお発見されずに地下深くに眠る遺体などを合わせていくと、実に10万人をゆうに超す死者が、たった一晩、それもほんの2時間あまりの間に出たことはほぼ間違いのない事実なのである。

かくもわずかな時間内でこれほどおびただしい死者を出したケースは、世界の長い戦争の歴史の中でもまったく類がなく後にも先にも前例を見ない。

あの悪夢から七十余年が経とうとしている。私たちは今日の日本が多くの犠牲のもとに成り立っているという事実を認識しつつ、このような悲惨なできごとを二度とくりかえさぬよう、恒久な平和の実現を目指していかねばならない。

インディアナポリス号の惨劇
米海軍乗組員の体験した身の毛のよだつ恐怖

生と死の境界線は、どこにあるのだろう？　運命の女神に見放され、絶望だけが支配する極限状態の心理とはいかなるものだろうか？

命の尊さを口にするとき、その資格のある者、それは過酷な運命に否応なく翻弄され、地獄のような環境を体験し、生還することのできた人間のみに与えられるものである。偶然と幸運にだけ恵まれ、辛くも生き長らえることのできた人間の証言。まさしくその中にこそ、求められる恐ろしい真実がある……。

●水平線上の謎の艦影

太平洋戦争も押し迫った１９４５年７月、絶望的な戦局の中、密かにグアム沖を航行する１隻の潜水艦があった。

伊58は艦首に6本の魚雷発射管を持ち、水上飛行機を搭載した大型潜水艦として知られていた。このころヨーロッパでは、日本が頼みとするドイツが連合軍に無条件降伏し、戦局は絶望的になっていた。伊58は雲と波以外に何も見えない大海原を、敵の姿を追い求めてひたすら進路を西にとっていた。月は次第に欠け出し、海上はまるで油を流したようにねっとりとした様子になっている。

やがて、はるか前方をまっすぐに向かってくる正体不明の艦影を発見した伊58はただちに急速潜航した。海上に波はなく、月の明るさは水平線をくっきりと浮かび上がらせている。やがてグングン接近してくる艦影は、伊58の2000m前方で大きく転舵し、その巨大な船腹を真近に見せた。そのシルエットは、獲物がかなりの大型艦であることを物語っていた。相手が戦艦だと思った伊58の艦長は、はやる心を抑えながらさらに肉薄した。そして至近距離まで詰め寄ると6本の魚雷をつるべ打ちに発射した。

グンッ、グンッ、鈍い衝激が艦内に伝わり、魚雷が次々と撃ち出された。魚雷は扇状にひろがり水中をまっしぐらに突進していく。後は殺気立った時間だけが過ぎ去っていくだけだ。乗員は固唾を飲んで、潜望鏡にかじりついている艦長の方を見守っていた。

やがて緊張した雰囲気の中で、沈黙を破ってけたたましい爆発音が一つ鳴り響いた。続いてもう一つ。

それは伊58の放った6本の魚雷のうちの2本が敵艦に命中した爆発音だった。

1時間後、戦果確認のため浮上した伊58だったが、海上は真っ暗でおまけに波が高くかなり荒れ模様だった。果たして獲物は何だったのか、戦艦だったのか、また本当に沈んだのか、一片の漂流物も発見できない今となっては確認のしようがなく、伊58は要領の得ない状態で帰投せねばならなかった。

●過酷な運命

そのころ、伊58に雷撃を受けた海上では、凄惨な地獄絵図が繰り広げられていた。この悲運の主はインディアナポリス号というアメリカ海軍の巡洋艦で、それは太平洋戦争で沈んだ最後の大型艦として記録される運命にあった。

この攻撃で直径12m前後の大穴が二つも開けられたインディアナポリス号は、艦首部分が爆発してポッカリと跡形もなく消え去った。続いて燃料タンクが誘爆し、鋼鉄製のドアが木っ端みじんにふっ飛び、あらゆるものを焼き尽くしていった。艦首部分にいた300人ほどの乗組員は、爆風で何十mも彼方に吹き飛ばされすべて即死した。煙突はさながら噴火して怒った火山のようになり、火の粉や燃え盛る破片をバラバラと空中に噴き上げ、わずか1分後には1万tの巨体は2つに裂けてしまった。

続いて何百tという大量の海水がドッと流入してきた。インディアナポリス号は、あたかも断末魔の苦しみにのたうちまわるかのように蒸気と紅蓮の炎を痛々しげに吹き上げた。そして鈍いきしみ音とともに海中に横倒しとなった。

船体が急に傾斜していったために、多くの者が絶叫をあげながら大きなしぶきをあげて海中に滑り落ちていく。900人ほどの乗組員が真っ暗な海に投げ出された。約半数は救命胴衣をつけていたが、後の半数は丸腰のままである。彼らは立ち泳ぎをしながら、何らかの浮遊物にしがみついていた。全員、漏れ出した重油で真っ黒で人だか浮遊物だか区別すらつかない状態である。

インディアナポリス号には35隻の救命イカダが積まれていたが、その約半数ほどが脱出することに成功していた。救命イカダは3mほどのバルサ材にキャンパスを張ったもので、中には水や食料、釣り道具など、サバイバルに必要なものが常備されており、1隻あたり25人ほどが乗ることができる。イカダに乗ることができなかった者は、縁に取り付けられているロープに手をかけて海中につかっているしかなかった。

イカダ同士はばらばらにならないように、相互にロープで結ばれていたが、大波で翻弄される度にぶつかり合っていやな音をたて始めた。ぐーっと持ち上げられたり、沈み込んだりする度に、イカダに乗っている者は投げ出されたり転げ回ったりを繰り返すのである。たちまち腹の底から吐き気が込み上げてくる。多くの者は気持ちが悪くなって胃の中のものをすべて吐いてしまった。そんな状態を繰り返しながら彼らはゆっくりと海面を漂っていた。

しばらくして、悲しげな重低音のきしみ音を響き渡らせて船が海中に没し去ると、あたり一面からぶくぶくと泡立っている音が聞こえてきた。それはまるでハチの大軍か何かが襲ってくるときの羽音のようだった。

しかしそれも終わってしまうともう何もなかった。星も見えず風もなく、水平線すらわからない真っ暗闇の中で、大きなうねりとともに、やみくもに上下動を繰り返すだけで、たまに大声で祈る声や時たま上がる悲鳴、ピチャピチャと海水が救命胴衣を洗う音などが空しく聞こえるだけとなった。

自分が果たしてこの先、生き残れるのか、それともこのまま死んでしまうのか、まったく見当もつかない。暗闇だけが広がる夜の海を漂っていると、どんな沈着冷静な人間ですら弱気になり、思考力をなくしてしまうのである。

●惨劇の始まり

第1日目が明けた。太陽が勢いよく真上まで上がると、いきなり気温が上昇し始めた。むき出しになった頭部が容赦なく焼かれる。ぎらつく反射光のために、多くの者が角膜をやられた。まぶたを閉じていても強烈な光は依然、射し込んでくる。そのため衣類の一部を引き裂いて目隠しをせねばならなかった。

ちょうどそのころ、水面下、海の深いところでは恐ろしい惨劇の始まりが準備されようとしていた。それは負傷者や死体から漏れ出る血の臭いに誘われてやってきた。海の死神ともいうべきサメの群れは、暗い海の底から次第に海面に忍び寄っていたのである。

群れにはさまざまな種類のサメがいた。アオザメ、イタチザメ、ヨシキリザメ……。それらはサメの中でも獰猛《どうもう》な人食いザメとして知られているものである。中には8mを超す巨大な代物も含まれていた。その数は次第に増え続け、数百匹にのぼると思われた。この死神たちは最初のうち、海に沈んでいた死人の肉を食らったりしていたが、それを食い尽くすと今度は生きている漂流者を狙いだしたのである。

夜明け前、最初の犠牲者が出た。救命胴衣をつけたまま眠っていた男が、突如、グィッと海中にかき消すように姿を消してしまったのだ。それはまるで大物がヒットしたときのウキか何かのようであった。その後いくら待とうが、救命胴衣はおろか服の切れ端すらも浮かんでこなかった。

血の臭いにつれられさまざまなサメがやってきた

ある男が寝ぼけまなこで隣にいた友人をつついたことがある。しかし反応がなく、その友人は深く寝入っているようであった。もう一度、押してみると、その友人の体はおもちゃのようにもんどり打ってひっくり返った。彼は感触があまりに軽いのに驚いてしまった。よく見ると、ひっくり返った友人の体は救命胴衣から下は何もなかったのである。友人の腰から下はサメによって食いちぎられた肉片の一部が、真っ白くふやけて帯状になって海中でゆらゆらと漂っているだけなのであった。

裸や下着だけの人間が、最も襲われる危険性が高かった。サメは海中の青白い胴体と青い海のつくり出すコントラストを目安に動いていたからである。したがって、サメの気を引くことのないようにじっとしていることが一番肝心なことだったが、隣にいる仲間が突如、サメの巨大な口に食わえ込まれ、暗い海中に引きずり込まれていくのを目の当たりにするとどんな決意もふっ飛んでしまう。サメに食わえ込まれた哀れな犠牲者は、絶叫しながら白波を立てて流されていき、すぐに跡形もなく海中に没してしまうのだ。ほとんどの場合はそのままだが、時たまズタズタに引き裂かれて血まみれの救命胴衣が「ポン!」と勢いよく海面上に飛び出してくることがあった。

はじめのうちサメは主に集団から離れている漂流者を狙っていた。しかし徐々に集団や救命イカダにも公然と攻撃するようになってきた。サメの興奮が高まるにつれて、それは凄惨なものに変化していった。

いったんサメが血に飢えて狂乱状態になってしまうと、もう手がつけられなくなる。もし仲間のうちの1匹が傷ついて血を流そうものなら、今度はその仲間に攻撃の矛先を向けて襲いかかるのである。そして残忍にその肉を引きちぎり、むさぼり食ってしまうのだ。

19世紀に起きたスペインを襲った巨大地震では、大津波によって何万人とも知れぬ人間が根こそぎ大西洋上に流されたといわれている。それ以来、この付近で捕らえられたサメの腹からは、大量の人間のばらばらになった手足や胴体の一部などが漂流物にまじって発見されることがあった。おそらく、漂流中の人間やものなどを飲み込んだものと思われるが、これらの事実からサメがきわめてどん欲で、何でもかんでも食べてしまい、胃袋に入ったものは長時間消化もされずに残っていることなどが理解できる。

イカダの周辺には常時およそ25匹ほどのサメが泳いでいた。それらは体長が３ｍ半ほどのサメの群れだったが、やがて海中から、「ドシン！　ドシン！」とサメによる猛烈な頭突きが繰り返されるようになってきた。その度に、イカダに乗っている人間はポップコーンのようにぴょんぴょんと右に左に飛び跳ねるのである。

イカダの壊れて開いた穴から突如、サメの尖った鼻づらがにゅーと突き出してくることもあった。真近で見るサメの目は瞳も何もなく、まん丸で真っ黒でそれはまるで人形の目のようである。

破れた穴から突き出された巨大な鼻づらは60㎝ほどもあり、雪のように白いノコギリのような歯はガチガチと気味の悪い音を鳴らしている。やがて、その巨大な鼻づらが海中に没すると、数秒も経たないうちに今度は別口の大きな鼻づらがにゅーと突き出してくる。

多くの者は恐怖で金縛りにあったように、目を見開いてその悪夢のような光景を見入っていた。中には呆然自失に陥り、わけのわからぬ奇声を張り上げてやみくもに手足を振り回す者もいた。たまりかねた者が、サメの鼻づらに強烈なパンチをお見舞いしたこともある。しかし何をしてもムダであった。

全員が死にものぐるいになって、海面をたたいたり、こん棒で殴りつけて追い払おうとするが、そのとき限りで30分も経つとサメは再びやってくるのだ。サメのザラザラした背びれはまるで鉄のヤスリのようで、少しこすっただけでも、たちまち皮膚が切れて出血した。傷がわずかでもできると今度は小魚が無数に集まってきて傷口をついばみ始める。まるで周囲にいるすべての生き物が彼らの死を待ち望んでいるようにさえ思われた。

サメの恐怖に多くの者は精神錯乱におちいった

サメが襲うのは日暮時か夜明け前が多かった。日中は海面に無気味なヒレを立てて、死にかけている者や負傷者の間を泳ぎ回っていることが多かったが、それはまるで日没とともに襲って食い殺す相手を定めているようにも見えた。

こうして絶望の中、精神錯乱に陥って堪えきれなくなった者は生きること自体を放棄してしまった。自ら溺死の道を選ぶ者や、サメに食われようとグループから離れていき自殺に着手した者もいる。

●生と死の間で

漂流も3日目になると、あたり周辺は浮かぶ死体置き場のような様相を呈してきた。引きちぎられた腕や足、食われかけた胴体、人体のどこかの一部分、血まみれの衣服の切れ端、ズタズタに裂けた救命胴衣など……。それらが生きている人間とごっちゃになってプカプカ漂っているのである。まったくそれは身の毛もよだつ恐ろしい光景だった。

海水に長時間浸かっていると、さまざまな症状が体中にあらわれてくる。まず、ふやけた腕や足に痛みをともなう赤い腫れ物が多数できる。いわゆる海水腫瘍という症状である。それは次第に大きくなり、こぶし大ほどにもなって体中を覆いつくしていくのだ。そのうち体毛が一本残らず溶かされていく。心臓はわけもなく脈打つようになり、口で息をしなければならなくなる。体温は低下し昏睡状態の一歩手前になっていく。このため多くの者はあえぐように呼吸をしながら海上に漂うしかなかった。

サメの絶え間ざる襲撃に加えて、こうした体の異常と飢餓による苛立ち、睡眠不足などから神経に異常をきたす者が増え始めた。ある集団は、幻聴や妄想に悩まされた挙句に突然、手当りしだいに殺し合いを始めた。ある者はナイフで、またある者は手で相手の目をえぐり出し、たちまち壮絶な殺し合いが海上で行われたのである。こうしてほんの10分足らずの間に、50人ほどの人間が体をメッタ刺しにされて殺されていった。そうかと思えば、祈りと神頼みに終始していた集団もあった。これからは毎日、欠かさず聖書を読みますだの、日曜には必ず教会に行きますだの、今後は決してものを盗んだり、人をだましたりしません。ですから今日一日、どうか生き延びさせてくださいなどと涙ながらに神との取り引きに明け暮れているのだった。

のどの乾きに堪えきれなくなって海水を飲もうとした者は多い。しかし海水を飲むことは死を意味していた。海水は人体が安全に摂取できる水準の2倍以上の塩分を含んでいたからだ。いったん海水を飲み始めた者の血中には大量のナトリウムがドッと放出されることとなる。この量はもはや腎臓の浄化能力を超えた数値なのである。

やがて唇が青く変色し呼吸が不規則になる。両目がグルッとひっくり返って白くなり、神経組織まで冒《おか》されるのである。その成れの果ては、身体を痙攣《けいれん》させて壮絶な死を迎えることになる。これに対する有効な対策は真水を大量に採ることしかない。だが、この大海原のどこに真水があるというのか。

昼間は強烈で残忍な太陽が、容赦なく体を焦がす焦熱地獄だった。しかしその太陽が沈んで、あたりが暗くなるとサメの食事時となるのだ。真っ暗な闇の中で、いつ何どき、自分がサメに食わえ込まれて海中に引っぱり込まれることになるのか、一寸先の運命は誰にもわからない。

サメの注意を引かぬように、息を殺して、じっとして海面に漂っているしかなかった。足下数m下を巨大な人食いザメが遊弋しているのである。時たま、何かが自分の足に触れると、それこそ心臓が縮み上がるような恐ろしさを味わった。真っ暗な海面のどこかで、神に見放された運の悪い犠牲者のあげる断末魔の叫び声がひっきりなしに響き渡っていた。それはいくら耳を覆っても聞こえてきた。まさに地獄から響いてくるような、永久に忘れることのできない恐ろしい叫び声であった。

夜が明けるまでに、10分間に1人の割合で不幸な人間が巨大な人食いザメによって暗い海中に引きずり込まれていった。いつ自分の番がくるのか、それは数分後なのか1時間後なのか、気が狂いそうになる時間だけが延々と続くのだ。それはロシアンルーレットのような惨い拷問であった。弾倉に実弾を1発だけ装填し、自分のこめかみに銃を当てて引き金を引くという死のゲームである。それが延々と続くのである。多くの者は自らの精神力を使い果たしてしまい、一晩で老人のようになってしまった。

●遅すぎた救助

漂流4日目。すべての人間の命が尽きかけたと思われたころ、ようやく救助隊が到着した。しかしそれはあまりにも遅すぎるものであった。その結果316人だけが救出された。最初1200人もいたことを考えると、あまりにも大きい犠牲だったといえよう。つまり海に投げ出された900人のうち、実に3人に2人がサメに食い殺されたことになる。

救助隊はあまりの変わり果てた生存者の姿に声も出ない有りさまだったという。回収された死体は、ほとんどが全裸状態で腐敗しており、すべてがゾッとするほど膨れ上がっていた。遺体の各部にはサメに噛まれた痕があり、骨だけになっていたのもあった。もちろん顔での確認は不可能だったので、あらゆる所持品が本人確認のために剥ぎ取られたという。

こうして5日間の悪夢は終わりを告げた。多くの人間が、過酷な環境に放り込まれ、絶え間ざるサメの襲撃、海水腫瘍、肉体的疲労、狂気をともなう精神錯乱と闘ったのである。そして300名ほどの人間が、奇跡的に生き延びることを許された。最悪の惨事はなぜ起こったのだろうか?

救助隊は凄惨な地獄のような光景を見た

戦争末期、断末魔の日本を攻め上げるアメリカ軍内部には、大きな矛盾があった。相容れぬ大きな二つの派閥が存在していたのである。それはグアムを基地とする海軍のニミッツ提督の太平洋艦隊司令部とレイテ島にある陸軍のマッカーサー元帥の第7艦隊司令部との対立であった。この2人は犬猿の仲であったのである。したがってグアム島とレイテ島との連絡はほとんどない状態であった。

インディアナポリス号は、ちょうどこのはざまで姿を消してしまった。救難信号は2度にわたってレイテの海軍基地に届いていたが、それを日本軍が救助隊をおびき出すための欺瞞工作と考えたアメリカ軍は、この貴重な無電を無視した。その際、レイテからグアムへの確認の連絡も取られなかった。沈没地点に急行していた2隻のタグボートは、もう少しで現場に到着する予定だったが、空しく呼び戻されてしまったのである。かくして海に投げ出された約900人の乗組員は、双方の味方から見捨てられる運命にあった。

このように上層部の怠慢から発見が遅れ、110時間も漂流した彼らは身の毛もよだつ地獄の体験を余儀なくさせられたといえよう。この結果、アメリカ海軍史上最大の悲惨な結果を生むことになったのである。つまり飢えと精神錯乱で疲労困憊する彼らに、血に飢えた何百頭の獰猛なサメが襲いかかったのであった。

戦後、軍法会議に望んだインディアナポリス号のかつての艦長マックベイ大佐は、対潜水艦対策のジグザグ航法を怠った理由で有罪判決を受けた。マックベイ大佐はその後、自責と汚名の念に苦しみ抜き、結局その苦しみから逃れられず、1968年にピストル自殺を遂げて苦悶の70年の生涯を閉じた。

●地獄を体験した人々

この惨事を生き延びたインディアナポリス号の生存者たちは、その後の人生にさまざまな価値観の転換を余儀なくされることになった。2年ごとに行われた生存者の会では、かつて漂流中の自分たちを発見してくれたパイロットが顔を見せると、たちまち人だかりができたという。そして生還できた喜びを全員で祝福し、最後には全員が手を取り合って感動して涙を流したのであった。

ある生存者は自分たちの頭上を舞う飛行機の姿が、天使が舞っているように見えたと、そのときの心境を語っている。事実、そのパイロットはこれ以上留まると燃料が尽きて墜落するかもしれないという危険を顧みず、最後の1秒まで漂流者たちの頭上を舞い、懸命に励ましのエールを送り続けたのであった。

ある生存者の1人は、自らの体験をもとに現代に生きる我々に貴重な人生訓を残している。

「私は絶望と恐怖だけが支配する死の地獄から生き延びることを許された。多くの仲間が恐ろしいサメの犠牲になった。しかし最悪なのはサメの襲撃ではなかった。生き抜こうとする炎が心の中から消え失せてしまった時こそが最悪なのであった。その時こそ、すべての望みが消えて人生が終わってしまう時なのである。例え、かすかな望みであっても、それを信じて自分に打ち勝った者のみが生死の境界線を乗り越えることが出来たのかもしれない」

(元インディアナポリス号乗組員　M・J)

第4章

不気味と悲劇の世界

潜水艦伊33の悲劇
数字のジンクスからくる潜水艦の話

●恐怖の爆雷攻撃

「シャッ、シャッ、シャッ、シャッ！」

鋭く水を切るスクリュー音が接近してきた。艦長をはじめ乗組員たちは、恐怖でひきつった表情で上を見上げている。赤色灯の光に反射して全員の顔が赤く染まっている。「コーン、コーン……」不気味なソナーの音が響いてきた。まもなく恐怖の爆雷攻撃が始まるのだ。

ふんばって支柱を握っているのだが汗ですべる。急に船体がぐらっと揺れた。敵駆逐艦の立てる波で艦が揺れたのだ。それは敵がほぼ真上にいることを意味していた。もはや絶体絶命だ。聴音機を耳にしていた兵が叫んだ。

「爆雷！」

全員、その声とともに歯を食いしばって、その辺のパイプや支柱に渾身の力でしがみついた。「ドーン！」「ドーン！」ものすごい音がして、艦が激しく上下に揺れ動いた。「メキメキ、バリバリ」どこかが破損したのか、ものが壊れるような音がした。「ドーン！」またきた。艦が大きく上に持ち上げられた。「バシッ！　シュッー！」どこかの弁が吹っ飛んだのか、高圧の蒸気が噴き出してくる。赤色灯が消えて真っ暗になった。

「ギィー、キィーン」不気味な金属的なきしみ音がして艦が急に傾き始めた。

●悲運の潜水艦伊33

これは戦争映画などによく出てくるシーンだ。水中に潜んで敵艦めがけて魚雷を発射する潜水艦は、忍者みたいでなんともカッコよさそうなイメージがある。ところがカッコいい潜水艦のイメージとうらはらに、もし攻撃されてやられたらほとんど助からないというのも潜水艦の宿命なのである。しかも潜水艦は事故に遭えば、生存率はゼロに等しく、危険と隣り合わせの船といってもいいぐらいなのだ。危険なうえに、呪われたジンクスに終始つきまとわれた潜水艦に伊33がある。

日本海軍ではどういうわけか〝3〟という数字のジンクスにこだわっていた。3がつくと不吉とされていたのである。そして不運なこの潜水艦には〝3〟という数字が常につきまとったとされている。

1942年9月、伊33はトラック島の珊瑚礁で衝突して艦首を損傷するという事故を起こしたことがあった。このときは壊れたハッチから大量の海水が侵入し、艦は33m下の海底に横たわり、33名の犠牲者が出たという。

戦争末期の1944年9月、伊33は瀬戸内海で訓練中、事故で浮上できなくなってしまった。あらゆる努力がなされたが、すべては徒労に終わってしまった。やがて艦内の空気が少なくなってきた。酸素が消費され、二酸化炭素の量が増えてくると艦内の温度が上がってくる。乗員の大部分はめまいがしてひどい頭痛や吐き気に襲われ始めた。

このとき司令塔にいた10人は非常ハッチで脱出した。ところが浅いとはいえ、水深は50mもある。急激に浮上すると血液が凝固するという潜水病になってしまい、死の危険さえあった。仮に海面に出ることができたとしても、ほかの船に救助されねば生き残れる可能性もない。結局、無事に海面にたどりつき、通りがかった漁船に運よく救助されたのはわずか2名であったという。

伊33は戦争中であるためにそのまま放置され、終戦後8年も経ってから引き揚げられることになった。調査によると、艦の前の方にある魚雷室だけは浸水していないことがわかった。果たして扉をこじ開けて中に入っていくと、冷やりとした空気が漏れ出てくる。それは8年前の空気だった。

艦内は真っ暗で、懐中電灯で照らすと魚雷室のすき間に寝台があり、人が横たわっているのが見えた。全員まるで眠っているかのようであった。爪も伸び、髪もひげも伸び放題で、まるで生きているかのようである。その様子にかつての乗組員で生き残りの1人は「おい、総員起こしだ！　起きるんだ」と思わず叫ぶと、遺体のそばに近づき、その肌をたたいて涙ぐんだという。

調査開始後しばらくすると、遺体の腐敗が急速に始まった。それは今まで海水で冷やされ、酸欠状態となっていたところが、ハッチが開けられてあたたかい空気が入ったからだとされている。遺体はたちまち赤い斑点におおわれ、表皮がぼろぼろとはがれ落ちていった。遺体はただちに棺におさめられ、海岸に運んで荼毘《だび》に付されることになった。遺族の1人の女性が「長い間ご苦労様でした」と言って棺の上に花束を置き手を合わせたという。すすり泣く声があちこちから漏れる中、棺を乗せた船は海岸をめざした。

艦内には乗員の手記がいくつか残されていた。それらは油紙に包まれて手すりに貼り付けられ、あるいは氷枕に収められたりしていた。そこには徐々に空気がなくなっていき、窒息していく恐ろしい死の間際の様子が生々しく記されてあった。

ある機関室の乗組員は、水が少しずつ増えていき、水面が首まであがってきて、いよいよ死ぬんだなという恐怖の心境と、遺族への別れの気持ちが赤裸々に記されてあった。また別な乗組員は、訓練で死ぬことになるのは誠に残念だが、仕方がないと思ってあきらめる。帝国海軍の発展を祈ると記されてあった。彼らはその後、君が代を斉唱して全員が死に臨んだのであった。

伊33に花束をささげる遺族の女性

船体が引き上げられたとき、かつて父親が乗組員だった遺族の娘さんは、叫ぼうにも涙がこみ上げてきて父親の名前が口にできず、無言で伊33の艦首部分に献花を行ったとされている。

宦官の実体
宮廷の僕、知られざる素顔とその異常心理

●後宮の美女軍団を管理する役職

中国4000年といわれる歴史の中で暗躍し続け、中国歴代王朝に多大な影響を与えた存在があった。人は彼らを宦官《かんがん》、または、閹人《えんじん》と呼んだ。彼ら宦官の仕える所は、本来、奥深い宮廷の内部であったが、ときおり現れ出ては歴史の表舞台に顔を出して数々の大事件を引き起した。それはまるで、光も届かぬ深海から得体も知れぬ生物が、時おり餌を求めて海面に浮き上がってくるようでもあった。一体、彼ら宦官とは何者だったのだろうか？

宦官の主な仕事は、数千人以上いるといわれる後宮の美女たちを管理することだったといわれている。巨大な宮廷内に生活する妾たちはすべて皇帝1人の所有物であった。これだけ宮女の数が増えると、彼女らに奉仕し皇帝の手足となって、彼女らを管理する存在が当然必要となってくる。こういうことから宦官という役職が必要とされたのであろう。

しかし膨大な数の女性がいる後宮というところは、嫉妬の嵐が吹き荒れる殺伐と荒涼とした世界であった。そこでは友情や愛情などひと欠片《かけら》も存在せず、日々、嫉妬心からくる権力闘争に明け暮れる醜悪な世界なのであった。こうした陰湿で謀略渦巻く後宮が彼ら宦官の暗躍する舞台であった。

●時代が必要とした宦官

世界史に名を残す君主たちは、ほとんど例外なく数多くの妻をめとり、無数の美女に取り巻かれて豪華な宮殿の中で贅沢三昧な生活を送っていた。つまり君主たるもの、好色でない者はいなかったのである。男として生まれてきたからには、こういう溜め息が出るような暮らしを一度はしてみたいと思うのは当然のはずである。

例えば、紀元前10世紀のユダヤのソロモン王は、１０００人の妻や妾にかしづかれた豪奢な生活ぶりだったし、西アジアを支配したイスラム帝国の歴代のスルタンは、支配下の領土から数百人の美女を献上させ、巨大なハーレムの中で夢のような豪華な生活を送っていた。古代エジプトのファラオも、山のような金銀財宝を持ち、数百人の妾を所有する絶大な権力者だったことが知られている。

しかし、中国の歴代皇帝が侍らせていた后妃の数は、これらの君主のスケールをはるかに凌駕するものであった。まさに事実を知ったら卒倒するほどの数の美女を独り占めしていたのである。

漢の武帝は８０００人の美女がいたというし、晋《しん》（３世紀頃）の武帝などは実に１万人以上もいたらしい。五胡十六国《ごこじゅうろっこく》時代の

19世紀のヨーロッパ人が考えたハーレムのイメージ

後超国《ごちょうこく》に至っては3万人を超していたというからもはや驚きの域を通り越している。皇帝たちはこれら全国各地から選りすぐった美女たちを住わせるのに湯水のように資金を使って華麗な宮殿をどんどん建造し拡張していったのである。

宦官の実体

しかし、これほど大多数の宮女がいれば当然それにふさわしい使用人も必要になってくる。宮女や侍女たちは王宮内を走り回ることが許されず、人前に顔を出すことさえも禁止されていた。しかも、宮中には体力を必要とする労働が少なからずあった。つまり男手が必要だったのである。

こういう点から、女の奴隷よりも体力があり、かつ皇帝の所有物でもある後宮の美女たちに悪さをしない奴隷……、すなわち男性器を切除されて性欲をなくし中性化した奴隷が必要とされたのである。

こうした需要と供給との関係が、宦官を生み出す時代背景となったといっていいだろう。つまり、宮女と宦官の数は常に正比例の関係にあった。つまり後宮の制度（ハーレム）が進展すればするほど宦官の数も増加の一途をたどるのである。

宦官と呼ばれる男性器を切除された者は、古代から世界中の宮廷にいたことが知られている。宦官となった者は姦淫の罪も犯すこともないので、一般人よりも信頼できるとして珍重されたのである。

ギリシアでもローマでもペルシアやインドでも、強大な王のもとにはいつも多数の妻妾が宮廷に群れをなしているのが現実であったので、それらに奉仕し管理する宦官がどうしても必要だったのである。しかし中国ほど宦官に関する史料が残っている国はなく、４０００年といわれる長い王朝の歴史を宦官の存在なくして語ることはできない。

●刑罰から始まった宦官

宦官の起源は紀元前14世紀の殷《いん》王朝にまでさかのぼる。最初は殷の王族や貴族は、家内奴隷を得るために手っ取り早く戦争で得た異民族の捕虜をそれに充てたのであった。その際、男女の接触を防止し従順にするために、去勢、すなわち男性器を切除したのである。そのうち、宮刑《きゅうけい》で去勢された罪人も使われるようになり、戦争による捕虜と合わせて宦官の一大供給源になっていったのであった。

殷時代に出土した甲骨文字（亀甲や動物の骨に刻まれた絵文字の一種）には、男性器の横に一本の小刀をあらわしたような形の文字が発見されている。これは男性器を切り取ったということを意味し、殷の時代にすでに宦官が存在していたことを証明するものである。その後、この絵文字は〝閹〟という文字の起源にもなっていることから、宦官を閹人とも呼ぶようになったといわれている。

宦官になるためには、まず男性器を切除する手術をしなければならないが、古代エジプトでは死亡率75％だったというから、成功すれば儲けもの的な感覚さえあった。従って手術に成功し宦官となり得た者はそれだけ希少価値があり高い値で売れたという。こうした性器切除の技術はその後、徐々に進歩したとはいうものの清朝末期になっても基本的にはさほど変わることもなかった。

古代五刑の一つに数えられた宮刑は、肉刑の一種で、鼻や耳といった身体の一部を削ぐ肉刑の中でも、頭部の次に大事な性器を切り取られることから死刑に準じるほどの重い刑であった。宮刑の「宮」は、風の通らぬ密室を意味し、この刑が密室で行われたことから宮刑と呼ばれるようになったといわれている。

ちなみに宮刑は姦淫罪を犯した罪人に適用され、原則として男を対象にしたものだが、女にも宮刑はあった。男の場合は去勢（男性器の切除）という刑罰を受けるが、女の宮刑は子宮を下降させて入精の道を閉ざす幽閉が通説とされていた。これはどういうことかといえば、女受刑者は下腹部を木槌でくりかえし強く叩かれるのである。すると子宮が異常に下がって膣をふさぐ形となってしまう。つまり、後はもう排泄しかできず、性行為は一切できぬ体に成り果てるのである。

●身も心も荒廃し尽くす

そうして、哀れな体に変わり果てた彼らにはひたすら宮廷の奴隷となり、アリのようになって一生奉仕するだけの運命が残されるのである。そこには仕事に対する意欲や生きる喜びなどあろうはずもなく、ただ空虚な心のまま機械的な業務を繰り返すだけの灰色の毎日が淡々と続いているのである。

彼ら宦官の男性器の欠如からくる自己卑下の心理状態は、異常とも思えるほど過敏なものでいつも偏狭な心と猜疑心で凝り固まっていた。心に空虚の念をいだき、自閉的で視野も狭く、冷ややかな性格とでもいえばいいのであろうか。歴史家で有名な司馬遷《しばせん》などは、宮刑に処せられ強制的に去勢されたことを思い出しては、悔しさに涙を流し、その都度、思わず自殺の衝動に駆り立てられたということだ。

男性器を切り取った彼らの体は、男性ホルモンの影響を受けることがなく、肉体的に大きく変化する。肌は次第に柔らかくなり、髭も生えることなく、声変わりして細くてとがったものになってくる。しかし男性器を切除したからと言って性欲がまったくなくなるわけでもなかった。たとえ、男性器がなくなっても10年間は性欲が続いたというし、数年経過するとまた新しく男性器が出てくる場合もあった。つまりないはずの部分から肉が盛り上がり、それらしい機能を持ったものに変化していくのである。そのため、宦官は数年ごとに下半身の検査が行われ、場合によっては再手術が行われることもあった。

性衝動は通常の場合のそれとは著しく異なっていたらしい。手で触り、舌でなめ、歯で噛み、汗をかいて興奮し、絶叫したりする。こうしてことを終えるのだが、いわゆる直接的ではなく感覚的なことが中心となり変態的と捉われてもおかしくはなかった。こうした奇妙な性衝動がある以上、経済力に応じて妻や妾を囲っていた者も少なくなかったという。さらに中年にでもなれば、太りやすくなり、臀部と大腿部に脂肪がつき、尻は上がって女性のような歩き方となる。しかしその身体は男でも女でもなく奇怪きわまる存在でしかない。こうした変化は彼らの精神にさらなる打撃を与えることになる。

苦痛はそれで終わりではない。死の間際まで続くのである。つまり宦官になる際、切除した男性器を死ぬ前に、再びおのが体に縫い付ける作業が残されている。もし肉体が不完全なままあの世に旅立つことになれば、来世は惨めなラバとして生まれ変わるからである。そのためか、彼らは防腐処置して壷に入れられた自らの男性器を後生大事に保存しておくのである。もしも盗まれるかなくしてしまうようなことがあれば一大事であった。その場合は高価な値を張ってでも他人のものを購入するしかなかったのである。

当然、宦官になった彼らに自殺者は絶えなかったらしい。しかし自殺は厳禁されており、そうさせないために恐ろしい決まりが考え出された。自殺した者の遺体は、荒れ地に置き去りにされ、野犬に食い散らかされて朽ち果てるまで野ざらしにされたのである。また自殺者を出した血縁者は、異民族の出没する辺境の地に送り込まれ、一生奴隷の身分に落とされて生きていかねばならなかったという。

●次第に特権階級として台頭

しかし、本来は宮廷内の雑務の奴隷同然だった宦官であったが、年月が経過するにしたがい、次第に権力を手中にして権勢を欲しいままに動かす存在となっていく。そしてついには皇帝を脅かす特権階級に成り上がっていくことになる。これはいったいどうした理由によるものなのだろうか?

権力の頂点に立つ皇帝にとって、地方勢力の台頭、宰相や将軍の権威が高まってくると、自らの地位を脅かす存在になりかねない恐れがあった。そのために、猜疑心に凝り固まった皇帝は、こうした官僚どもを信頼することができなくなり、逆に宦官を頼りにしていったのである。

かくして、皇帝に取り入って権力を手中にした宦官の中には、軍事、外交、政治、宗教に至るあらゆる分野で権力を欲しいままにした者も出現するようになった。唐《とう》の玄宗皇帝に仕え、楊貴妃《ようきひ》を見つけ出して皇帝に差し出した高力士《こうりきし》などはその典型ともいえよう。

唐の晩期になると、帝位についた10人の皇帝のうち９人までもが宦官に擁立されるほどで、宦官の横暴は目に余るほどになった。中には、高まる宦官の脅威に恐れをなした結果、宦官同士の内部分裂に応じて一挙に宦官の勢力を一掃しようとした皇帝もあったが、逆に宦官の反動に合い、皇帝の権力は地に落ちてしまい、宦官が事実上権力を掌握するまでになった。つまり皇帝は宦官のあやつり人形になり下がったのである。

「これでは私は奴隷ではないか！」と声を高らかに上げて泣いた皇帝もいたほどである。唐の晩期になると、皇帝たちは、毎日毎日、毒殺や策謀からくる陰惨な死の恐怖がいつ自分に降りかかってきやしないか、びくびく怯えながら宮廷生活を送っていかねばならなかったという。もうこうなれば、皇帝と宦官、どちらが最高権力者かわからぬほどであった。

こうした時代背景が手伝ってか、自ら男性器を切断して宦官になろうとする者も現れ出した。こうした者は自宮者《じきゅうしゃ》と呼ばれたが、14世紀、明《みん》の時代になるとその風潮はますます強まっていった。

宦官は中国 4000 年の歴史に暗躍した異形の集団だった

明代になると宦官は増殖の一途をたどり、最初100人にも満たなかったのが、明代末には10万人にものぼったといわれている。その際、食料がすべてにいき渡らず餓死者が出たと記録されているほどだ。

明代の各皇帝は幾度となく自宮禁止令を出したが、その数を止めることはできなかった。その理由は宦官になれば労役をする必要がなく、もしも権力を持とうものならその宦官の親族の羽振りは、飛ぶ鳥を落とす勢いとなるからである。したがって農民などはこぞって子供を去勢して宦官にしたがった。つまり貧困にあえぐ農民にとって、宦官になることは立身出世と金持ちへの最短距離であり、虐げられた現実から逃れられる唯一の手段なのであった。清《しん》代になると、男性器を切除する専門の職人も現れ、去勢代は銀6両（約30万円）だったらしい。

●ピンからキリまである宦官の暮らしぶり

トップクラスの宦官の中には、莫大な財産を手にして

西太后と高級宦官たち

広大な土地を買って豪邸を建て多数の妾を囲うことも珍しくなかった。それはまるで宮廷のようで、高楼がいくつもそびえ広大な庭には見事な池や庭園が広がっていたという。

西太后《せいたいこう》に仕えた高級宦官、李蓮英《りえんれい》などは、清王朝が滅び中華民国になると、民衆から搾り取って貯めた金で広大な土地を手に入れて豪邸を建て、もう無用だとばかりに自らの官職を銀１万両で売り飛ばしたという。彼の所有する財産は一つの国王に匹敵するほどの巨万の富であった。

同じく、小徳張《しょうとくちょう》は、銀20万両以上（約１００億円以上に相当する）の資本金を元手に、北京に絹織物店や質屋を多数持ったうえ、工場まで設立し、早々に資本家にくら替えしたのであった。これらはすべて、西太后が権力最盛期のころ、全国の官僚から贈られた賄賂を抜け目なく貯め続けた結果なのである。

しかしすべての宦官がこうなったわけでもなく、大多数は下級宦官のままで終わらざるを得なかった。下級宦官でいる以上は何ひとつついいことはなく、それはまるで生き地獄のようなものであった。しかもいったん後宮に入れば牢獄に入ったのも同じことで、外に出ることはおろか宮廷内部の事情を口外することも厳禁されていた。もしこの掟を破れば、関係者はすべて捕らえられ、生きながら肉を少しずつ削がれて殺されるという壮絶な刑罰が待ち構えていたのである。

宦官は病気になったり年を得て働けなくなったりすると、容赦なく宮廷の外に放り出された。放り出された彼らは身を寄せる親兄弟とてなく、乞食と成り果て寺廟などを仮のすみかにするのが常であった。社会保障も何もない当時、どれだけ多くの宦官がみじめな野垂れ死をしていったことだろう。

今日、北京郊外の寺廟には当時の宦官の共同墓地ともいえる墳墓群が数多く存在しているそうだ。

●歴史から消え去る運命

中国4000年の長い歴史は、宦官と官僚、皇帝を交えた三つどもえの陰惨な権力闘争の歴史にほかならない。政治事に干渉するのを厳禁された明代以降においても、彼らは権力を得て増殖し、陰謀の渦巻く裏で暗躍し続けたのであった。ときには人々の恨みや憤りを買った挙句に、宦官の大虐殺という血塗られた事件が引き起こされたが、彼らの存在は弱まることもなくまた消滅することもなかった。

皇帝の権威と強欲の象徴でもある後宮の制度が存在する以上、宦官なくしては成り立たなかったのがその理由であろう。彼らはまさしく歴史の要求する必然性の奥底にしっかりと根を降ろしていたのである。事実、皇帝の身の回りの雑務（掃除から食事やベッドの用意まで）は、すべて宦官が取り仕切っていた。つまり日夜、皇帝の身近にいる宦官は、皇帝権力を後ろ盾にすることも、また皇帝を骨抜きにしてあやつり人形同然にすることも容易だったといえよう。

宦官は1人の人間のあくなき欲望が生み出した創造物であった。しかし、しぶとく生命力を誇った彼らも不要なものとしてついに歴史上から消え去るときがきた。20世紀になって清王朝が滅亡し、後宮に代わって人間のさらなる欲望が形を変えたもの、つまり国家による独占資本の時代が到来したからである。

風狂者の建物
狂気と執念がもたらした創造物

世の中には実に驚くべきというか、異様で奇怪な建築物がある。それは人間の妄想と狂気が形になったとしか思えぬものである。それらをつくり出した圧倒的なエネルギーとは一体何なのだろうか？

●狂人が造った奇妙な屋敷

昭和の初期、１人の狂人が造ったという奇妙な屋敷があった。この奇怪な屋敷は二笑亭と呼ばれ、東京深川の繁華な商店街の一角に実在していた。さて、この奇妙な屋敷には、常軌を逸しているとしか思えない数々の特徴や奇怪な趣向が凝らされていた。

まず寺院か倉のような異様な正面玄関を入ると、２階まで吹き抜ける大きなホールがあった。そこには照明もなく、高さ４ｍあたりの人が届くはずもない場所に、帽子や衣装を掛ける金具が無秩序にしかも大量に打ちつけられていた。

９畳の居間に入ると、そこには奥行きがわずか30㎝しかなく何も入れることのできない大きな押入があった。床の間には意図のわからぬ急傾斜のついた違い棚があり、その上にナイアガラの滝の写真が飾ってあったという。

また屋敷を取りまく厚いヒノキの板壁には9個の節穴がならんでいたが、その節穴はくり抜かれ、すべてに厚いガラスがはめ込まれていたという。ここから陰気で孤独だった屋敷の主が、往来する人々をそっとのぞき見をしていたのだろうか？　トイレはどういうつもりなのか、中庭の離れにつくられ、その扉は下半分しかなく薄いトタン製で、おまけにすべての部屋からまる見えの状態であったらしい。

土蔵には垂直に天井まで伸びた鉄製のはしごが着いていたが、その先は行き止まりで登り口も何も見当たらなかった。2階からは敷板をはずすことができたが、太い梁が左右に設けられているので、どのみち降りることも入ることもできない。

そのほかにも使えない部屋が無数にあったり、意味不明の仕掛けがあったりで、到底、常人にとっては使いにくく理解できない気味の悪い屋敷であったという。

この奇怪な屋敷をつくったのは、渡辺金蔵という精

二笑亭は電車通りに面した深川の繁華街にあった

神病患者であった。明治10年（1877）生まれの庶子であった彼は、若いころに渡辺家の婿となり5人の子供がいたとされている。

記録によると金蔵の父は変質者で、その血を引いたと思われる金蔵も、自我が強く無口でかなりの性格的偏向が見られたという。家族に対しては実に厳格で親類とは極力交際することを避けていたらしい。

彼は足袋商、洋品雑貨商を営んで財を成し、44歳のときからは地主としてかなりの資産家になっていたという。また彼の趣味は、長唄、謡曲、舞踏から生け花や茶の湯、さらには硯石の収集から書道に至るまで実に幅広く多彩なものであった。

金蔵の症状が出始めたのは49歳のころで関東大震災が起こり、突如、家族を連れて世界一周の旅行をすると言い出した。結局、行くことになったのは2人の息子だけということになったが、彼の長男が発狂してしまった。それでも金蔵は家族の反対に耳を貸すこともなく長男を残して次男とともに旅立った。

世界一周の旅から帰ると、金蔵はなにかに取り憑か

寺院か倉を思わせる正面玄関

れたように二笑亭の建築にとりかかった。二笑亭を建てるにあたり、金蔵は自ら建築資材や木材を買い求めた。木曽谷まで出かけては指摘するヒノキを切り出して、自ら木挽きを監督して丸木から希望通りの角材にまで加工させたという。

設計も彼自身の独創だったが、設計図もつくらず口述で行われたために、思い通りに建築できなかったり、突如変更があったりで、大工はかなり困惑したようである。

二笑亭の建築は大正15年（１９２６）に始まり延々十数年もかかったという。敷地面積は96坪ほどもあったといわれる。しかし結局、かなりの巨額を投じて完成したこの屋敷も、常人には到底住むことはできぬ不便な屋敷で、それゆえ金蔵を除いて家族全員が出ていってしまったと記録されている。

●今も実在する迷路のような屋敷

一方、アメリカのカリフォルニア州サンホゼには、大富豪ウインチェスター家のサラ夫人が建設したとされる怪奇な屋敷がある。

現在はウインチェスター・ミステリーハウスとして知られ、このあたりの観光名所になっているが、この広大過ぎる屋敷にはさまざまな不思議な話がまつわりついている。

ウインチェスター家は発明したライフル銃で、たちまち巨万の富を築いた一族であった。しかし大富豪となったウインチェスター家には呪われた運命が待ちかまえていた。最愛なる娘が生後まもなく死亡し、14年後には夫が原因不明の死を遂げてしまったのだ。

未亡人となり、夫と娘が死んだのは悪霊の仕業にちがいないと病的に信じ込むようになったサラは、今度は自分にも悪霊の災いが降りかかるのではないかと恐れて、ある日ボストンの霊媒師を訪ねたのであった。

するとその霊媒師がいうには、娘と夫の死はウインチェスター家がつくったライフル銃で殺された何百万というインディアンの呪いが原因で、その呪いを解くには、この先ずっと朝から晩まで、金づちの音が絶えぬように増築することが必要である。そうすれば悪霊から身を守り、長生きできるであろうとのことだった。

ウインチェスター・ミステリーハウス

この言葉を信じた彼女は、それから財産のすべてを投げ打ってひたすら家の増築にとりかかったのであった。そうしてそれはサラが１９２２年に亡くなるまで、38年もの間、一時も休まず行われたのである。その結果、でき上がった屋敷は実に巨大で奇怪なものになった。

それは無計画の産物というべきなのか、あるいは霊に導かれて建てられたというべきなのか、ともかく想像を絶する怪奇な館であった。屋敷にはなんと１６０室もの部屋があった。一度も使われたことのない舞踏室をはじめ、1万か所もあったという窓、９５０か所もあったドアなど。また暖炉は47か所、煙突は17本、キッチンに至っては6か所もあったという。

中には一度も使われなかった部屋も多数あったというから、どれほど巨大な屋敷であるか想像がつくだろう。サラ本人でさえも、地図がないと目的の部屋にたどり着くことは難しかったというからすごい。

またサラはどういうわけか、欧米では不吉な数字として忌み嫌われるはずの13という数字に逆に異常に執着していた面があった。そのためなのか建物の中にある階段は13段で、流し台も13個あり、バスルームも13室、シャンデリアの数も13とすべて13で統一されているのだ。しかも屋敷内にあるすべての窓は13枚のガラスによって構成されている。

屋敷の外に出てみても、この数字にこだわったと思われる特徴が数多く見られる。例えば石畳は13あり、ヤシの木は13本である。これを見ても13という数字にこだわった異常とも思えるサラの執念を感じとることができる。

さらにこの奇怪な屋敷には不条理と思われることが満ちあふれていた。例えば、行き着くところは天井というおかしな階段、開けるとそこは壁になっているドア、上下がさかさまになっている柱、曲がりくねって全長３㎞もある廊下など、ともかくどれ一つとっても意味不明なつくりがやたらと多いのである。

おそらくこうした意味不明のつくりは、悪霊を惑わし追い払う仕掛けであり、こうしなければ良い霊を呼び込めないと霊媒師に指示を受けた結果だったのだろう。そうして真夜中になると、サラは１人で秘密の部屋にこもり交霊術をさかんに行ったともいわれている。

悪霊におびえ切っていたサラは、ひたすら忠告されるがままに盲目的に増築をくりかえしたのだが、しかし霊媒師のいう通り、つまり38年もの間、金づちの音を絶やさぬようにした結果、とにもかくにもサラは無事に天寿をまっとうすることができたのである。

呪われた漁船良栄丸
1年間も太平洋を漂流し続けた幽霊漁船

見渡す限りの大海原。そこには島らしき陸地などどこを探しても見えない。希望という感情も心のどこを探しても見つからない。まさに漂流こそ、恐ろしい忍耐を要求される恐怖の拷問なのである。それは生きる希望を失った者から確実に死んでいかねばならない恐ろしい事実でもある。孤独で壮絶な生き地獄なのだ。

●漂流する気味の悪い船

昭和2年（1927）10月31日。アメリカのシアトル沖で貨物船マーガレット・ダラー号は不審な漁船を発見した。その漁船は波のうねりにまかせて上下にゆっくりと動いていた。

漁船は木造で周囲はところどころ朽ち果て、マストは半分折れ曲がり、海藻がべったり張り付いている。時おりボロボロになった帆の一部が風にあおられてバタバタとなびいて気味の悪い音を響かせていた。漁船から漂ってくる何とも得体の知れない不気味さに、多くの乗組員は全身に悪寒が走るのを感じていた。

「誰かいるか！」

スピーカーで問いかけてみるが何の応答もない。ロープがかけられ引き寄せられる。

ギィ、ギィ……、船はきしみながらゆっくりと近寄ってきた。乗組員の１人が朽ち果てた漁船に飛び移った。いきなり甲板に白っぽいしなびれた雑巾のようなものがこびりついているのが目に飛び込んできた。

「なんだこれは？」

よく見ると、それらはミイラ化した遺体や白骨だった。ググッと吐き気がこみ上げてくる。

乗組員の１人はハンカチで鼻と口を覆いながら船の中に入っていく。そこにもミイラ化した遺体が２、３体折り重なるように転がっていた。ある遺体は喉の渇きをうったえるかのように白骨化した手で喉もとをつかんでいる。片手で船べりをつかみ、くの字型に身体を折り曲げている遺体もあった。どれもこれも飢餓による苦痛からか苦悩の表情がうかがえる。

ミイラとはいえ髪の毛や髭が伸び放題であまりの生々しさ、おぞましい光景に乗組員は

海面にただよう不気味な船

思わず息をついて空を仰いだ。しかし、そこには酸鼻をきわめる惨状とはうらはらに美しい晩秋の太陽が何ごともなく輝いていた……。

●壮絶な航海日誌の記録

その後の調べで、この漁船は日本の和歌山県の漁船「良栄丸」（42ｔ）であることが判明した。良栄丸はエンジンの故障で漂流を余儀なくされ、1年近くも漂流していたのであった。しかも良栄丸は食料が尽きて全員が餓死した後も、幽霊船のようになってまだ半年ほども太平洋上を漂っていたのである。

船内から発見された日記には、彼らのたどった身の毛もよだつ体験が克明に記録されていた。その内容はあまりに恐ろしく壮絶そのもので、この世の生き地獄であったことが判明した。

良栄丸は大正15年（１９２６）12月5日に神奈川県の三崎漁港を出港して、銚子沖１００㎞の地点でマグロ漁に従事していたが、運悪く接近してきた低気圧によって海が荒れ出してきたためいったん漁港へ戻ろうとした。

ところが、強い時化で機関の主軸が折れてしまうという事故が起きた。運航の自由がきかなくなった良栄丸は、西からの強風に煽られ、東へ東へと押し流されてしまい、ついに銚子沖１６００㎞付近まで流されてしまった。

その後も強い風は吹き続け、エンジンの修理にも失敗した良栄丸は、完全に航行が不可能な状態になってしまった。この間、3隻の船に遭遇したとある。このとき火を焚いたり大漁旗をあげたりして大騒ぎしたが気づかれることなく通り過ぎていってしまったようだ。

帆による走行も思うにまかせず、風に逆らって日本に帰ることが困難とみた船長は、いっそのことこのまま風に吹かれてアメリカを目指そうと考えた。このとき、船長は船に積載した食料と魚を捕獲することでなんとか4か月間ぐらいは食いつなぐことができるだろうと安易に考えていたらしい。

漂流後、年明けの1月1日。乗組員たちは釣り上げた魚で新年を祝った。日誌には大正16年元旦と記されている。しかしもうそのときは元号が昭和に変わっていたのだが彼らには知るよ

強い時化で航行不能となった良栄丸

しもない。

しかしこのころは魚を釣り上げて大喜びするなど、まだ希望も失われてはおらず乗組員に明るさが多分に残されていたようだ。1月下旬には外国船を発見し、火を焚いて大騒ぎするもまたしても気づかれることはなかった。雨が降ると桶に雨水をためてこれを飲料水とする。2月下旬、いよいよ食料が少なくなり、全員に危機感が強まる。

そして3月6日、ついに食料が底をついた。希望はなくなり乗組員たちの表情には絶望と死への恐怖だけが漂い始める。死神が船に同居し始めたのだ。

前日には機関長の細井伝次郎が衰弱死する。いよいよ死を決意した乗組員は船長以下12名の名前を連ねて1枚の板に遺書を刻むことにした。そこには12月5日に港を出航して以来、エンジンの故障により漂流を余儀なくされたという内容が記されていた。板に遺書を刻んだのは船が沈没しても板だけは漂着して国に帰れるようにと願ったものであったと思われる。

この日以来、乗組員たちは栄養失調や病気で数日おきに1人また1人と死んでいった。最初の死亡した3名は水葬にしたが、体力がないのでその後死亡した乗組員はそのまま放置され遺体は朽ち果てるままにされたようだ。全員もう立ち上がる気力もなく、顔は恐ろしく青白く、髭は伸び放題で、歯という歯から血がしたたり落ちる様《さま》は亡者のようである。

4月中旬、とうとう船の生き残りは船長と船員の2人だけとなる。2人とも脚気に苦しみ動くこともままならぬ状態であったが、必死になってそれこそ足をひきずって船の修理と操舵をこころみる。海は荒れ出し、厚い雲が空一面を覆う中、強風がときおり不気味なうなり声をあげ出した。甲板は右に左に大きく傾き、修理に使った工具類やボルトなどの部品が音を立てて転がっていく。押し寄せる大波は次々と船体にぶつかっては真っ白な水柱を吹き上げて煮えくり返った水泡となって消えてゆく。その都度、船体から狂おしい軋み音がむなしく響きわたる。2人は甲板に突っ伏していたが、自分たちにもいよいよ死が目前に迫っていることを感じていた。

5月になると、2人とも立つことができなくなり、ついに死を待つだけとなった。甲板にはとうに死んでミイラになった乗組員たちの遺体が朽ち果てて散らばっていた。西からの強風は相変わらず船を東へ東へと押し流しているようであったが、依然、水平線の彼方のどこにも島影は見えない。狂気と現実の境界線も定かではなくなったのか、船長だけは甲板上でうずくまったままある一点を見つめて何やらぶつぶつとわけのわからぬ小言を言い続けている。

その後、船上に生きている者が1人もいなくなっても、船は強い風に翻弄されるかのようにひたすら流され続けた。海が凪いで海面が鏡面のようにキラキラ陽光を反射して輝いているときも、濃い霧に包まれて一寸先も見えないときも、夜の闇が広がり小雨が打ち続いているときも、船はあてどもなく東に向かってひたすら流され続けた。そしてまだ数か月以上も良栄丸は太平洋上をさまようのである。

●遺族にあてた遺書

船長の三鬼登喜造は妻と2人の子供にあてた遺書の中で、「苦労をかけてしまい真に申し訳ない。私もせめて後12、3年は生きたかった。将来、長男が大きくなっても漁師だけには絶対にさせないように」などと書き残していることを見ても、本人の無念の心情が十二分にうかがえる内容であった。

発見された当初、船内には乗っていたはずの3名の遺体がなかったことから、飢餓に陥った乗組員が狂気に走り、仲間の遺体を切り刻んで食べたのだという都市伝説が飛び交ったことがある。しかし実際は乗組員たちは壊血病や脚気などで衰弱していき、絶望と恐怖の中でゆっくり死に絶えていったというのが真実のようである。

逆に残された航海日誌からは、乗組員全員が死の瞬間まで冷静になって努力を続けたこと、また常に仲間や家族のことを思いやる姿勢が記されていたことなどから、発見したアメリカ人は日本人の強い同胞意識に痛く感動したとさえいわれている。

第5章

奇跡と感動

戦場の騎士道

過酷な戦場に隠された美談

容赦なき戦いにあっても、武士道や騎士道精神を彷彿とさせるさわやかなエピソードは少なからずあったらしい。しかし反面、戦場に美談などないという人も多い。所詮、戦争とは人間と人間との殺し合いだ。それはただの欺瞞行為に過ぎないというのである。たしかにそうかもしれない。

しかし人間である以上、どのような環境下であれ、相手への同情、いたわり、助け合う心は人間として失いたくはないものだ。

●バトル・オブ・ブリテン秘話

1940年、バトル・オブ・ブリテンの最中に起こった話。その日の空中戦も情け容赦のない過酷な戦闘だった。

何度も急降下や宙返りをしながら、メッサーシュミットを操縦する大尉は、今、前方に一機のスピットファイアを捉えていた。敵はまだ気づいていない。攻撃するには絶好の位置だ。機銃の発射ボタンに手をかけようとしたとき、大尉は敵機がいつもと違うことに気がついた。

激しい戦闘の最中にかかわらず、敵機は悠然と飛行しているのだ。大尉はさらに接近した。照準器に敵機の機影が目いっぱいに捉えられる。この距離だと彼が発射レバーを押しさえすれば、たちまち20mm砲弾が雨あられと発射され、敵のパイロットは機体もろとも跡形もなく引き裂かれてしまうだろう。しかしおかしい。敵はまったく回避行動をとらないのだ。

機を少し前に出して様子を見る。敵のパイロットが前のめりにがっくりと頭を垂れているのが見えた。ときおり肩で呼吸をしているところから死んではいない。おそらく、パイロットは空中戦による回避行動のものすごい荷重から意識を失ったに違いなかった。

「これでは敵にはならない……」そう思って大尉は、少しずつ機を寄せると、主翼を相手の主翼の下にすべりこませ、軽く持ち上げた。「ガン……、ガツン！」機体は揺れ、気絶しているパイロットは気がついたようである。肩をふるわせ、左右に激しく顔をゆすると周囲をきょろきょろ見回している。

パイロットは最初なにが起こったのかわからぬようだったが、自分のすぐ横に黒い十字のマークのついたドイツ機がいると知って動揺した。パイロットは最初ぎょっとした目つきであったが、しかし次の瞬間、敬礼している大尉と視線が合うとすぐに状況を理解したようである。

大尉は基地への無事なる帰還を祈るジェスチャーをした。それは相手にも伝わったと見えて、パイロットはゆっくりとうなずくと了解したとばかり敬礼し、翼をひるがえして雲間に消えていった。

4日後、大尉は再びイギリス本土攻撃へ出撃した。激しい空中戦が始まったが、日頃の疲れのせいか、不覚にも機体に何発もの機銃弾を撃ち込まれてしまった。エンジン部分にも何発か命中し、致命的だ。

「無事に帰れるだろうか？」大尉はそう思いながら操縦桿を操ったが、機がうまく動かない。被害はかなり深刻だ。まもなく敵機が襲ってくるだろう。そうなればとても生きて帰れる見込みはない。

思わず目を閉じて死を覚悟した。しかし我に返った次の瞬間、大尉は驚いてしまった。なんと、自分の機の回りを敵のスピットファイアがぐるりと取り囲んでいるではないか。

これは一体どうしたことだ！　よく見ると、右隣の敵機の尾翼に見覚えのあるマークがあった。そしてコクピットには先日、自分が助けてやったパイロットの顔があった。

瞬時に大尉はすべてを理解した。彼は自分の命を助けてくれた大尉を覚えていたのである。彼はこのまま放っておけば、大尉がほかの戦闘機に食われてしまうと考え、安全圏に脱出するまで護衛しようと考えていたのであった。

こうして、イギリス上空の1機のメッサーシュミットの周囲を3機の宿敵スピットファイアがとりまいて編隊飛行するという異様な光景ができ上がった。

それは情け容赦のない戦闘の最中に起きた信じられない、まさに現実離れした光景であった。数分後、ドーバー海峡が見えてきた。向こうにうっすらと見えるのはフランスの海岸線だ。ひどい状態だがなんとか飛んでくれるだろうか。もう大丈夫だろうと考えたのか、スピットファイアのパイロットは敬礼をするとひらりと翼をひるがえした。

負傷した大尉が見たものは宿敵スピットファイアの機体だった

残りのスピットファイアも次々と翼をひるがえすと自分たちの基地のある方向に引き返していく。去っていく敵機は翼を左右に振って別れの挨拶をしているのが映った。

一方、大尉の方も遠ざかる敵機に敬礼を送りながら、そのシルエットをいつまでも見送っていたという。

●アメリカ兵を助けた日本兵

太平洋戦争の末期、南方の島々では悲惨な戦闘が行われたが、その中の戦闘中に起きた話にこういうものもある。

1人のアメリカ兵が重傷を負って倒れていた。銃声も絶えて静かになると、人が近づく気配がする。友軍かと思って、眼をさますとそこに1人の日本兵が見下ろしていた。日本兵は鋭い銃剣がついた銃を持っている。敵だ。殺されると思った瞬間、彼は意識を失った。

しばらくたって彼は気をとりもどした。周囲を見渡すが日本兵はいない。助かったと彼は思った。そのとき、すぐそばに白い紙切れがあるのを何気なくポケットにいれた。まもなく助け出された彼は、担架で野戦病院にはこばれ、手術台にのせられた。

ドクターが言うには、「間一髪だ。応急手当がなされていなければ、間に合わないところだったよ」

彼は不思議に思った。誰にも手当などしてもらった記憶がなかったのだ。そのときになって彼はポケットの紙切れを思いだし、ドクターにそれを渡した。それにはたどたどしい英語でこう書かれてあった。

「ぼくはとっさに、敵兵である君を刺そうとした。しかしそのとき君は三指の礼をした。ぼくもスカウトなんだ。君の三本指を見て、ずっと忘れていたスカウトとしての気持ちがよみがえった。人はすべて兄弟だ。傷は簡単だが手当てをしておいたよ。一日もはやく回復して欲しい。グッドラック!」

三指の礼とは、人差し指、中指、薬指だけを伸ばした敬礼の仕方で、世界中のスカウトが共通して使っている独特のあいさつである。それには、神と国に忠誠を尽くし、人々をたすけ、心をすこやかにして徳を養うという三つの誓いが秘められているそうである。

戦後、アメリカの本部から日本に視察にきたフィンネル氏が戦時中の美談としてこの実話を伝えたという。

話の中のアメリカ兵はいまだ本名を明かさず、そして彼を手当てした日本兵はおそらくその後、戦死したであろうと思われている。

●歌は憎しみを超えた

1914年12月、第一次世界大戦での西部戦線。これはドイツ軍とフランス軍が、それぞれ塹壕《ざんごう》に立てこもって100mぐらいで向かい合っていたときに起きた話である。

塹壕戦は戦いの中でも非常に忍耐と苦痛をともなう過酷なものだ。泥だらけで寒さに震えながらひたすら敵の攻撃に耐えねばならず、双方の突撃の応酬でおびただしい死傷者だけが増えていくのだ。しかも誰も数分後の自分の生死すらわからないのである。

クリスマスイブの夜、最前線のドイツ軍の塹壕に1人の歌手が慰問に訪れた。その歌手は、当時、世界でも名の知られた高名なドイツのテノール歌手であった。彼は絶望的な状況にあって少しでも味方兵士の心に希望を与えたい一心で訪れたのであった。

聖なる夜　いとも聖なる父と母
　神のみどりごは　天の静けさの中で眠れ
　　いと安らかに……

ドイツ軍の塹壕から、美しい歌声が凄惨な戦場に響きわたり、それは100m先のフランス軍の塹壕にまでとどいた。すると、その歌声に聞き覚えがあることに気づいた1人のフランス軍将校が、ドイツ軍の塹壕に向かって大きな拍手をおくったのである。

その拍手を聞いたテノール歌手は、敵であるフランス軍の塹壕から聞こえてきたことに驚くと同時に、敵でありながらも自分の歌声に拍手を送ってくれたことに大変な感動を覚えた。

彼は自らの危険をかえりみず、思わず塹壕から飛び出すと、笑顔でゆっくりと敵の方角に向かって歩き出したのである。そして両軍兵士の見守る中、中立地帯を横切ると、フランス軍の塹壕前まで歩み寄り、その前で深々と頭を垂れてお礼の挨拶をしたのであった。

フランス軍の塹壕から、最初はポツポツと拍手の音がして、やがてすさまじい拍手の音に変わっていった。テノール歌手は再度、優雅におじぎをくりかえした。その瞬間、戦場は戦場ではなくなった。

やがて両軍の兵士たちが銃を捨てわれ先に塹壕から飛び出してきた。中間地帯まできた彼らは、互いに笑顔で握手をかわし合い、肩をたたき合い、たばこの交換さえした。歌が憎しみを超えた瞬間であった。


通常、休戦は交戦国の上層部が取り決める場合のみ許され、戦闘中は敵兵と交流することは堅く禁じられている行為である。

しかし、兵士たちはこのことを忘れ、たった今まで憎しみ、殺し合った敵の兵士を永年来の気の知れた友人であるかのようにふるまった。照明弾が何発か打ち上げられて、真っ暗い戦場を明々と照らし出した。敵兵を発見して銃撃するためではない。兵士たちの交流を祝福する灯火として。

両国の兵士たちは、互いの戦死者に黙祷をささげた後、一緒にツリーの飾りつけをしたり、家族の写真を見せ合ったりした。言葉が通じない者は笑顔とジェスチャーをまじえて酒をのみ交わした。

そして兵士たちは、パーティに興じ、サッカーまでしたのである。戦争の真っただ中で起きたこの信じられないような話は、人は決して殺し合いなど望んでおらず、すべての人間は友人になれるのだということを物語っているといえるだろう。

敵味方にかかわらず互いに健闘をたたえあう両軍の兵士

奇跡の詩

92名中唯一生存した少女が果たした奇跡の生還

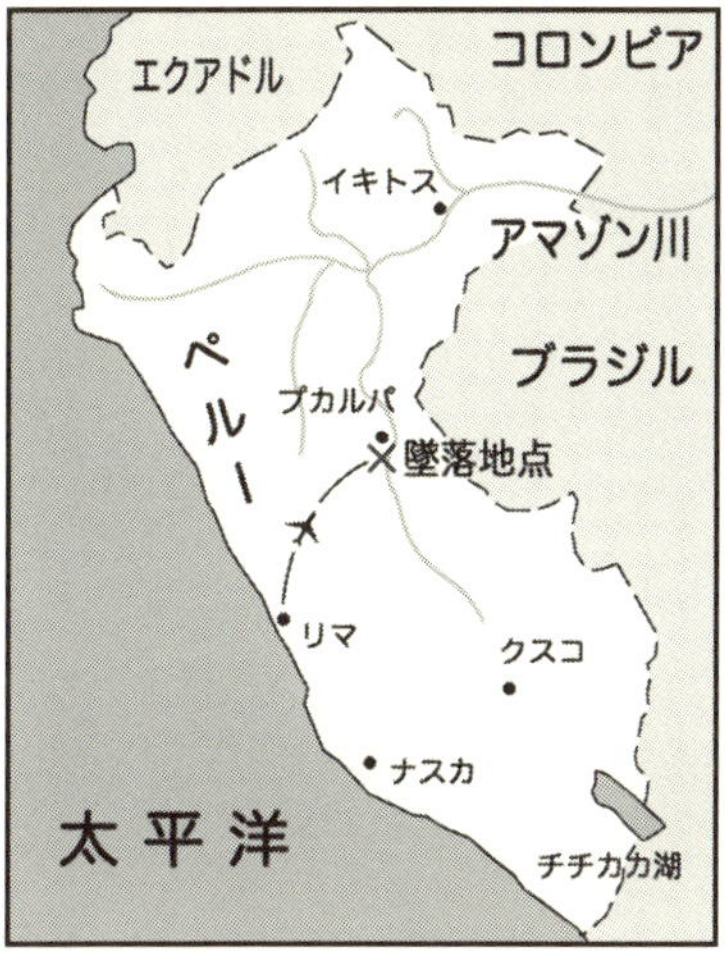

乗った飛行機が空中分解し、奇跡的に助かった1人の少女がいる。だが、彼女が放り出されたのは身の毛もよだつ恐ろしいジャングルのまっただ中であった。これまで苦労をしたこともなく幸せそのものに過ごしてきた少女が、突如、絶望と危険と死だけが支配する恐怖の世界に放り込まれたのだ。

しかし少女は生きることを放棄することなく、地獄のような環境と戦って行き抜く方を選んだ。その日を境に壮絶なサバイバルが始まった。少女は親から教えられた知識をフルに活用し、10日間もの間、地獄のジャングルをさまよったのだ。そして、実に200km以上も緑の地獄を突破して生還を果たしたのである。これはまぎれもない実話で、当時『奇跡の詩』として映画にもなり、人々の心に一大センセーショナルを巻き起こした。

この映画を観た人は生きる喜びと生きる勇気を教えられたに違いない。絶望を乗り越えてひたすら生き抜こうとする彼女の姿勢は、我々に生きることの素晴らしさを教えてくれる。私たちはここに命のドラマ、その名の通り奇跡の詩を見る思いがするようだ。

●過酷な運命

１９７１年12月24日、クリスマスイブの日のこと、17歳のユリアナは母親とともに、奥アマゾンのプカルパという小さな町でジャングルの生態研究をしている父を訪ねるため、リマの空港から飛行機に乗ろうとしていた。ユリアナはほんの１週間ほど前に17歳になったばかりで、美しい金髪を持つ茶目っ気たっぷりの少女である。両親はともにドイツ人で父親は有名な生物学者。母親も著名な学者であった。ユリアナは物心がついたときから、父の研究のためにドイツから遠く離れたここペルーに引っ越してきていたのである。

日本の3倍以上という面積を持ちながら、ペルーはまったく異なった二つの顔を合わせ持っている国でもある。太平洋岸に位置する平野部分は雨が少なく比較的乾燥した気候地帯である。都市から一歩でると、延々と果てしなく砂漠が続いているのだ。ところが、いったんアンデス山脈を飛び越してしまうと、今度は高温多湿で人跡未踏の原生林がどこまでも続いているのである。こうした文明の手の及んでいない原始林地帯がこの国の実に6割以上を占めている。

搭乗した飛行機は4発のプロペラ機で目的地はアマゾン川流域にあるイキトスという町である。イキトスは人口５万人ほどだが、アマゾン奥地では最大の町である。生物学者の父がいる所は、途中のプカルパで降りて、さらに車で２日ほどかかる不便な場所にあった。プカルカまでの飛行距離は４００㎞ほどだったが、途中で標高６６００ｍもあるアンデス山脈を飛び越えねばならない。したがって、７０００ｍの高度まで上昇せねばならないが、この上空はアンデス山脈の巻き起こす乱気流で飛行機がよく揺れることで知られている空域でもあった。

この日の便は地元でクリスマスを祝おうとする客で満席状態である。少女の後ろの席に坐っている幼い姉妹は、アメリカからきたらしく、先ほどから楽しそうにクリスマスソングを何度も歌っている。お昼ごろ、アンデス上空にさしかかったとき、飛行機は乱気流にまき込まれて激しく揺れ出した。揺れはおさまるどころか、次第に狂ったように上下に激しく振動を繰り返し始める。数人の乗客から鋭い悲鳴が上がり、棚からはばらばらと荷物が落ちてきた。「ビシッ！」突然、ものすごい雷鳴とともに凄まじい閃光が走った。ガンガン、機内が上下に大きく揺れる。「きゃぁー！」窓越しに翼からオレンジ色の炎がメラメラと吹き出しているのを見て少女は悲鳴を上げた。

すべてが非現実的でコマ落としのフイルムのように動いているようであった。すぐ横では母親が両手で顔を覆ってうずくまっているのがちらりと見える。次の瞬間、目の前が真っ白になり、同時に猛烈な風と寒気がワーンと体中に襲ってきた。体が宙に浮いているのか、逆さになっているのかさえわからない。体中の力が抜けるような奇妙な感覚になりユリアナは意識を失った。薄れていく意識の中で、少女が最後に見たものは、遠くにそびえるアンデスの山々と灰色の空と眼下に広がるうっすらとしたジャングルの樹海のシルエットであった。

●緑の魔境

ほほを打つ冷たい雨の感覚と脇腹の締めつけられるような痛みで気がついたユリアナは、最初、何が起こったのかわからなかった。次第に記憶が戻ってきた彼女は、飛行機が墜落し自分がシートごと空中に放り出され、運よくジャングルの木々に引っ掛かったために生き残ったことを知った。腹が締めつけられるような感覚は、逆さまになったシートの安全ベルトが腹に食い込んでいるからであった。

彼女の周囲には2、3の遺体と飛行機の残骸が折り重なっていた。目に見えるものは黒焦げになった死体と散乱した荷物ばかりである。よろめくように立ち上がって、歩き出そうとした少女は、そばにあった死体につまずいて倒れそうになった。それを見た彼女はぎょっとして思わず手で口を覆った。遺体は機内でクリスマスソングを歌っていた幼いアメリカ人の姉妹だったのだ。彼女らはニューヨークからはるばるきたと言って陽気にはしゃいでいたのである。それが今は、髪を振り乱して目を見開いたままのものすごい形相になってボロクズのように折り重なるように横たわっていた。しかし、この姉妹はまだましな方で、目につくものといえば、手足がバラバラになって人の形を留めていない死体ばかりである。

「ママー！　ママー！」

少女は何度も母親の名を呼んだ。それこそ声を限りにして叫んだが、雨の降り続く不気味なジャングルの中に虚しく吸い込まれていくだけである。のどがカラカラで焼け付くようだった。彼女は広い葉っぱについた水滴を集めてそれでのどをうるおす。

泥に混じって落ちていたキャンディーの袋を見つけた彼女は、それを拾うとぎくしゃくした足取りであてどもなく歩き出した。キャンディーを1粒取り出して口に含む。たちまち甘酸っぱい味が口中に広がっていく。彼女は自分に言い聞かせた。さあ、歩くんだ。歩くしかない。少しでも希望があるうちに歩き続けるんだ。こうして果てのないジャングルの中で彼女の生きるための戦いが始まった。

一般に、緑の魔境といわれるジャングルで、人が2日間以上生き続けることは不可能だと考えられてい

少女は緑の魔境にただ1人投げ出された

る。うっそうと茂るジャングル内には想像を絶するような危険がそこかしこに潜んでいるのだ。ジャングルにわんさといる獰猛《どうもう》な蚊は服の上からでも平気で刺してくる。猛烈な蚊とブヨの攻撃に発狂する人間も多い。手の届かぬ傷口に肉バエに卵を産みつけられたときは悲惨そのものだ。ウジは成長するにつれてそこら中の肉をむさぼり食い、最後には皮膚の下は虫食いの穴だらけのスカスカ状態にされてしまう。

また、木蔭には猛毒を持った蛇が身動きもせずにかま首だけ持ち上げて赤い舌を出し入れしている。朽ち果てた枯れ木や石の下には、何でも食い尽くすという獰猛なアリや数十㎝はあろうヤスデがとぐろを巻いている。

水辺にも危険が一杯だ。枯れ木だと思って知らずに近づくと巨大なワニが大きな口を開けて待ち構えていたりする。この恐怖の捕食動物は、頑丈な口で獲物を食わえ込むと恐ろしい力でグイグイと水中に引きずり込んでしまう。そして、水中で骨もろとも細切れにして飲み込んでしまうのである。沼には20㎝はあろう巨大なヒルがいて、手といわず足といわず体中に吸い付いてくる。いったん吸い付いたヒルを引き剥がすことは容易なことではない。しかし恐ろしいのはヒルだけではない。肉食性の恐ろしいドジョウもいて、これに食らいつかれると、壮絶な痛みとともに肉を深くえぐり取られるのだ。このほか、沼や川の至る所には牛でも食い尽くす獰猛なピラニアや、馬さえも感電死させてしまうというデンキウナギも生息している。

アナコンダは全長8ｍにも達する大蛇で、胴まわりは巨大な丸太ほどもある。音もなく忍び寄ってきて、生きたまま丸呑みにされるか、長い胴体で巻きつかれて体中の骨を粉々にされてしまうのである。

しかし何よりも絶望的なのは右も左もわからぬジャングルの地形である。日の光も差し込まぬ薄暗い密林の中を歩いていると、自分がどの方角に向っているのかまったくわからなくなる。何度も何度も同じ場所を堂々めぐりしていても気がつくこともない。やがて、妄想がわき、幻聴、幻覚などに襲われ発狂していくのである。


少女は必死に歩き続けた。歩きながら彼女は生物学者である父の言葉を思い出していた。

「ユリアナ、密林の中で迷ったら、水の流れる方へたどればいい。どんな小さな流れでも、やがては大河となっていくものだ。大河のほとりには必ず人が住んでいるからね」

少女は何度も父親の言葉を頭の中で反すうした。雨のあとにできた流れを見失わないようにしながら、彼女はひたすら注意深くたどっていくのであった。

●密林の中で

眠れないジャングルの恐ろしい夜がきた。密林のあちこちで何かが動き回る気配がする。時おり、猛獣のうなり声や襲われた動物の上げる悲鳴がひっきりなしにする。疲れているが、神経が高ぶって眠れない。こうしている間にも、恐ろしい大蛇や猛獣が忍び寄っているかもしれないのだ。

「バサッ!」そのとき、近くの木の枝が揺れると、何かが少女の肩に飛び移ってきた。少女は恐ろしさのあまり声も立てず、息を潜めたままで身動きもせずにいた。

どのくらい時間が過ぎたことだろう。依然、生き物は、肩のあたりにへばりついている。しかし害を与える様子もなく危険がないように思えてきた。少女は、そっと顔を起こしてその生き物の方に目を向けた。なんと、その生き物は小さな猿だった。おそらく、親と離れ離れにでもなったのだろうか、おびえたように少女の肩にしがみついてふるえているのである。

「きっと迷子になったのね」少女は袋からキャンディーを1粒取り出すと、小猿の方にそっとさし出した。

「お腹空いてるんでしょ。あげる」小猿はもみじのような小さな手をこわごわ差し出すと、キャンディーをつかみ口に含んだ。小猿がおいしそうに食べてくれたので、少女は思わず微笑んでしまった。

「おいしかった？　またあげるね」小猿も心なしかうなづいているように見える。

やがて気を許したのか小猿は逃げようともせず、少女の胸の中に飛び込んできた。少女を母親猿とまちがえたのであろう。抱きしめると、小猿の暖かい感触とドックドック脈打つ鼓動が伝わってきた。

今まで忘れかけていた生命の息吹き。じいんとするなつかしい感触。少女はもう自分は孤独ではないと思った。同時に生き抜いてどうしても父親に会いたいという衝動が心の底からわき上がってくるのを抑えることができなかった。「これからずっと一緒にいてね」少女は小猿を抱きしめてそう誓うのだった。

そのときから小猿は少女の大切な仲間となった。地獄のジャングルで知り合った心を許すことのできる唯一の友達なのだ。少女は起きると、小猿がそばにいるか確かめる。キャンディーの袋を取り出すと小猿は近寄ってくる。1粒を自分の口に入れ、小猿にも1粒あげる。小猿は小さな手で受け取ると、口に含んでもぐもぐとおいしそうに食べる。その仕種がかわいいので思わず笑ってしまう。遭難して以来の初めての笑いだ。こうして小猿を胸に抱いてまた1日が始まるのだ。

時々、小猿が無邪気に胸を引っ掻いて甘えてくることもある。そんなとき、少女はリマの海水浴場で恋人と過ごしたなつかしい日々をなぜか思い出してしまう。抜けるような青い空、白い砂浜にうずもれた遺跡、打ち寄せる波、少女はそうした楽しかった思い出を反すうしながらひたすら歩き続けるのだ。また一つ茂みを越え、木の枝を抜けて。

4日目、少女は小猿を抱きながら、ジャングルの中を歩いている。昨日、キャンディーの袋は大きな蛇を見つけて逃げ出したときに落としてしまった。たった一つの食料源を失ってしまったのだ。食べるものはなく、今は木の葉のしずくをすすることだけである。陽だまりの小さな空地で眠り込んでしまい、水の流れを見失ってしまったこともあった。だが、川のほとりにだけしかいないという鳥の鳴き声を聞き、自分が川に近い位置にいることを悟った彼女はその方向へ歩き始める。こうして彼女は、ワニや蛇に襲われながらも、父親の言葉、鳥類学者だった母親から教えられた知識を思い出しては、ひたすら歩き続ける。

唯一のなぐさめは胸に抱いた小猿だった。彼女は小猿に語りかけたり、眠るときは子守唄をうたう。

でも今はもうその小猿にあげることのできるキャンディーすらない。水の流れをたどっていくうちに、それは小川になった。小川の周辺は茂みがものすごく歩くことはできない。少女は小猿を抱いたまま小川の中を歩くことにした。雨はまだ降り続いている。

「ゴー！」そのとき、後ろで何かがつぶれるような音がして、濁流が渦を巻いて襲いかかってきた。雨で水かさが増し、それを塞き止めていた古木が欠壊し鉄砲水となったのだ。一瞬の出来事だった。少女は濁流に押しながされそうになるところをとっさに近くのツルにつかまった。「キー！　キー！」水につかった小猿はおびえて彼女の肩から枝に飛び移るとスルスルと木の上に逃げていく。

「行かないで！　私をひとりにしないで！」

少女は叫んだが無駄だった。もうどこを見回しても小猿の姿はない。小猿はそれっきり少女のもとには帰ってこなかった。こうして少女は再びつらい孤独と戦わねばならなくなった。

●かすかな希望

6日目、やっと雨があがり、雲間から日が差してきた。ジャングルでたった1人の少女の心にも少しだけ希望がわいてくる気分だ。少女は小さな空地を見つけると、そこで横たわった。日の光が全身に降り注がれる。緑の草がクッションのようだ。あれほどみじめだった気分がちょっぴり晴れやかになってきた。少女は背中に羽があればいいのにと考えたりする。

だが、彼女の体力はもう限界に達しようとしていた。体のふしぶしがズキズキ痛む。背中の傷口にはいつの間にか肉バエが産みつけた卵からウジがわき、傷口を食い荒らしているのである。もう疲れ果てて動くことさえも困難なところだったが、ここでじっとしているわけにはいかない。

彼女は死力をふりしぼって川岸に出ると、水辺に漂っている大きな木の枝を見つけて、それらをツルで縛ってイカダをつくり始めた。イカダというよりも木の枝を束ねた浮き輪のようなものだったが、これにつかまって川を下るのである。

川はこれまでの雨でかなり増水している。今なら流れに乗って川を下っていけば、やがて大河となって人の住むところに流れていくはずだ。だが、体力がいつまで持つのだろう。

ツルで枝を縛っていると、突然、胸にしびれるような痛みを感じて少女はのけぞった。自分の胸を見た少女は恐ろしさで総毛立ってしまった。何と20㎝もあるヒルが数匹も乳房のつけねあたりにぶら下がっているではないか。ヒルは血を吸って小豆色に変色しているのもあった。少女は悲鳴をあげてむしり取ろうとした。しかしヌルヌルとした気味の悪い感触がするだけですべって引き離せない。彼女は木の枝を拾うと、貝殻をこじ開けるようにして１匹、２匹、３匹と渾身の力で引き剥がしていく。ようやく全部引き剥がし終えた時、全身から力が抜けていくようだった。少女はあまりの恐ろしさにその場にへなへなと座り込んでしまった。

しばらくは川に近づきたくもなかったが、夜がくるまでに何とかせねばならない。やがて気をとり直すと、流木を探そうとして水草の生い茂る水辺に入っていった。そのとたん、今度は足に猛烈な痛みを感じる。恐怖で顔をゆがめ、よつばいになってやっとの思いで岸にあがってみると、ふとももに大きなかみ傷ができて血がボタボタと流れていた。獰猛な肉食性のドジョウに食いつかれたのだ。背中の傷はますます悪化して盛り上がって熱を帯びている。中でウジがうごめいているらしく、その度にズキンズキンと強烈な痛みが走る。苦痛に懸命に耐え、絶望と恐怖に戦いながらも、どうにかイカダらしきものができあがったのはもう夕方近くになってからであった。

一方、捜索隊は8日目にしてやっと機体の破片を発見した。現場に到達した捜索隊は、あまりにも酸鼻をきわめた現場の状況に生存者はいないとの結論を下さざるをえなかった。機体は細かく広範囲に散乱しており、発見される遺体にしても、腐乱してほとんど原形を留めていなかったのだ。おそらく、飛行機ははるか上空で爆発して空中分解を起こし、粉々になって落下したと考えられた。この知らせを聞いた少女の父親は、涙はすでに枯れ果ててしまったのか、顔を両手で覆ったまま何時間も椅子に腰をおろしたままであった。

●濁流に身をまかせて

少女はイカダとともに流れを下っている。流れは増水のためかかなりのスピードで流れていた。川幅も次第に大きくなっていくようである。

もうどのくらいイカダとともに流されているのだろう。時たま見え隠れする曇った空、濁った灰色のしぶきが容赦なく顔にかかる。今が夕方なのか朝なのかさえもわからない。下りながら彼女は眠ったり、変な夢にうなされたり、幻聴と幻覚が交錯し、現実と夢の区別もつかなくなっていた。

もうだめ、いよいよ私の最期よ。苦しいのは一瞬、それさえがまんすれば、後は楽になれるんだ。絶望と苦痛のあまり何度もそう思って手足を投げ出して死を受け入れようと考えたこともある。しかしその都度、母親や父親や恋人の幻があらわれ、彼女の耳もとで叫ぶ声が聞こえる。

「ユリアナ！　もう少しだ。がんばるんだ！」

「ユリアナ、私の分まで生きて！」

「ユリアナ、希望を捨てるな！」

9日目の朝、もうろうとした意識で少女は小さなカヌーが岸につながれてあるのを目にした。幻覚なのだろうか。イカダにつかまってほぼ2昼夜、彼女は気力だけで持ち堪えていた。弱々しく手と足を使ってやっとの思いで岸にはい上がる。小さな小屋があるのが見えた。人影はなかったが、うっすらと煙が立ち上っているのが見える。彼女はよろめきながら最後の体力を振り絞って小屋に向かっていった。もう体力はほとんど尽きかけていた。まるで頭の中に白いモヤが張りついているようですべてがぼんやりしている。彼女は小屋の入口までくるとついに意識を失って倒れ込んだ。

このとき、この小屋の中には2人のインディオの青年がいたのだが、彼らは血まみれで泥だらけの得体の知れない生き物が倒れ込んできたので驚いてしまった。その泥だらけで猿のような生き物が少女だとわかるのにかなり時間がかかるほどだった。介抱されて意識の戻った少女が飛行機の乗客の1人だと言っても彼らは容易に信用しなかった。何しろ墜落以来9日間も経過している上、墜落現場から200km以上も離れていたからである。

インディオの青年は、彼女にお粥を進めたが少女は食べることはできなかった。お腹の中はほとんど空っぽのはずなのに食欲が出てこないのだ。その代わりに少女は水をガブガブとひたすら飲んだ。1人が彼女の背中の傷にわいたウジをとってくれる。ガソリンをかけて、苦しまぎれになって出てきたウジを1匹、1匹、根気よく取り除いていくのだ。傷は骨まで達していて、取るときには死ぬほど強烈な痛みを伴う。驚いたことにウジは全部で35匹もいた。

すべてが終わったとき、少女は初めて自分は助かったんだという実感に目頭が熱くなってきた。今、私は生きている、こう思うと涙が後から後から溢れてくるのだ。夜になって、もう1人の青年がこのことを町に知らせるため危険を顧みずカヌーで下っていった。

残った青年は自分がここで番をしているから安心して休めばいいと言ってくれた。心の優しいインディオの青年たちだ。しかし彼女は眠れなかった。体は衰弱し疲労でクタクタに疲れているはずなのに、眠ったと思うとすぐ目が覚める。母のことを思い出して泣いたり、一緒だった小猿は無事でいるだろうかと心配してみたり、父のこと、恋人のことなど、まるで次から次へと走馬灯のように思い出されてくるのだ。でもそうこうしているうちに、いつの間にか眠りが少女を捉えたようであった。

●私は生きている！

翌朝、彼女は毛布にくるまってカヌーで川を下っていた。依然、体は衰弱して体中の傷はズキズキ痛み、立つこともできないが気持ちはすっきりと落ち着いていた。川はいつもと同じように濁ってよどんでいたが、小川のせせらぎのように快適にさせてくれる。頭上で輝いている太陽も、風にそよぐ緑の木々のこずえも、遠くで鳴く鳥の声も、すべてが少女の帰還を祝福してくれているように感じるのだ。

すべてのものが、どうしてこんなに美しく輝いて見えるのだろう！　生きていることがこれほど素晴らしく思えるなんて！　こうして、丸一日カヌーで運ばれた彼女はそこから飛行機に乗せられ、プカルパの町に運ばれることになった。

少女が生存しているという知らせにプカルパの町では大騒ぎになっていた。一人娘のユリアナが生きているということを聞かされた生物学者の父親は呆然と立ちすくんでいた。

カヌーで運ばれながら、少女はそこに生命の詩を聞いたような気がした

「まさか、あの地獄のジャングルで10日間も死なずにいたなんて……」

生物学者の彼は、日頃からジャングルのことを知り尽くしており、人間がジャングルの中で迷って2日も3日も生きられるはずはないと口癖のようにいっていたのである。博士は信じられぬという表情のまま病院に向った。

少女が担架に乗せられてプカルパの町に着いたとき、人々の中から「奇跡だ！」「奇跡が起きた！」「神さま！」という声があちこちでささやかれるのが聞こえた。

地面にひざまずいて祈りをあげている人もいる。少女を幼いころから知っていた修道女は、泣きながら奇跡が起きたといって少女の体をきれいに洗ってくれた。日頃から、何かといえば奇跡、奇跡を口にしたがる修道女のおばさんを、少女もよくからかったこともあったが、今は不思議に何の抵抗もなくその言葉を聞くことができるのだ。

少女の傷を丹念に調べた医者は、放心したようにつぶやいた。

「切り傷、刺し傷20か所、両目は眼底出血、左鎖骨骨折、肉食性ドジョウに食いちぎられた傷、全治1か月……、よく助かったものだ。これぐらいの傷だけで」

病室でユリアナは駆け付けてきた父と再会した。父親の顔を見ても少女は何もしゃべることができなかった。

「ママが、ママが……死んじゃった……」

それだけ言うとその先はもう声にはならない。ただ涙が止めどもなく溢れてくるだけである。父親の方も流れ出る涙を拭おうともせずに言った。

「ママは死んでもお前が生きている。よくがんばったね。……ユリアナ、お前が生きているんだ。天国のママだってきっと喜んでいるだろう」

もうこれ以上言葉を交わす必要はなかった。２人はしっかりと抱き合った。

92名中たった１人生き残ったユリアナ・ケプケ。彼女が語った言葉がある。

「人間の偉大さは大きな石を運んだり、巨大な建物をつくったりすることだけではない。人間のちっぽけな体には想像も出きないような力が秘められている。それは絶望の淵に立たされていようとも、体力の限界にきていようとも、いざとなれば湧き出てくる不思議な生命力なのだ。こうした底知れぬ力が私たち一人一人に秘められている。これが神から与えられたものかどうかわからない。ただ、どんな苦境に陥ろうとも決して忘れてはならないことがある」

幸運にめぐまれ、たゆまざる努力があるとき、そこに奇跡が起こるということを……。

ルルドの泉
科学と常識を超えた不思議な現象

●カレル博士が見た奇跡

フランス南西部ピレネー山脈のふもと、スペインとの国境に近いところにルルドという小さな町がある。ここはルルドの泉という湧き水がある場所だが、難病で苦しんでいた多くの人間が、この泉の水を浴びてなおったといわれている。それ以来、ルルドの泉は奇跡を起こす泉と信じられ、多くの巡礼者が集う聖地となった。

これは1902年のこと、末期の腹膜炎で瀕死の状態にあった患者の話である。患者は19歳のマリーという女性で、医者からはさじを投げ出され、死ぬのは時間の問題とされていた。彼女は最後にはかない望みを持ってここルルドの地にやってきたのであった。下腹は大きく膨れ上がり、顔には青紫の斑点（チアノーゼ）、つまり死相がいくつもあらわれていた。

死ぬことなく生きてルルドの地に着けただけでも驚きだといってもよかったであろう。こうした彼女に付き添っていた1人にカレル博士という医学博士がいた。博士はなぜルルドで奇跡が起きるのか、何か根拠があるのか、それを科学者としての立場から証明したいと考えていた。実証主義者でもあり、後にノーベル賞を受賞することになる博士は、内心、奇跡などみじんも信じてなどおらず、聖なる泉には何か未知の有効成分が含まれているのか、もしくは患者の強烈な思い込みからくる自己暗示による結果なのだろうと判断していたのである。

ルルドの駅に到着すると、マリーを乗せた担架が静かに下ろされた。容態が一段と悪化し、もう話をすることさえできなくなっていた。ひどく痩せた身体は腹部が異常に膨らんでおり、呼吸は苦しそうに小きざみにくり返されている。光を失った両目が博士の方に向けられ、灰色のくちびるがわずかに動いているだけである。博士に何かを伝えようとしているようだが何を言っているのかさっぱりわからない。

この娘が死ぬのはもう間もなくだ。今、動かすのは危険だ。運んでいる途中で亡くならねばよいが……。

博士は頭の中でこのようなことを考えていた。霊水場まで運ばれたとき、マリーはほとんど死人同然のようだったが、それでもまだかろうじて生きていた。やがてほとんど危篤状態のマリーの体に聖なる水が静かにかけられた。このとき、ようやく自分の念願がかなったのか、

アレクシス・カレル博士。1912年にノーベル生理学・医学賞を受賞した

マリーは心なしか安らかな表情を見せていた。

するとしばらくして、あれほど死相のあらわれていた土褐色をした彼女の顔色にほんのり赤味がさしてきたように思われた。最初、博士は幻覚だと思って何度も目をこすったりした。しかし今度は、表情全体に生気が溢れてくるのがはっきりと見てとれた。診察してみると、彼女の呼吸、脈拍が正常値に戻っている。博士は驚いてしまった。その間にも、マリーの顔は変化し続けた。目は輝き、うつろだった視線ははっきり博士の目をとらえている。さらに腹部を覆っている布を取った博士は、目を見開いて驚嘆の声を抑えることができなかった。あれほど青紫に変色し醜く膨れ上がっていた腹部がすっかりすぼんできれいになっていたからである。

こ、これは……、一体、どうしたのだ？

「具合は……どうですか？」

内心とまどいながらも博士はマリーにそう聞かざるを得なかった。

「はい。とても気持ちがすっきりしてきました」

小さな声だったが、しっかりした口調でマリーはこう答えた。しゃべることもできず、くちびるを動かすことさえできなかった瀕死の患者が、はっきりと声に出して答えたのである。この信じられぬ出来事を目の当たりにした博士は、科学者としてではなく1人の生身の人間としてただただ感動するばかりであった。それはこれまで修得した医学のいかなる知識をもってしても、到底はかり知れぬ現象だった。

「今、奇跡が起こっている。それも私の目の前で。死ぬ直前だった娘がほとんど回復してしまっている……」

　博士は答えを見出そうと、懸命に頭の中で何度も自問自答をくりかえした。しかし、いくら考えてもこの不思議な現象に納得のいく答えを見出すことはできなかった。博士の頭からこれまで長年いだいていた死という概念が音を立てて崩れ落ちていった。代わりに今まで考えてもみなかった神という存在が頭にちらつき始めた。

「おお、神さま……」

　博士は思わずある言葉を口にしていた。それはこれまでいかなるときでも決して口にすることのなかった言葉である。続いてわけもなく涙が後から後から溢れ出てくるのを止めようがなかった。それには理由などなかった。誰からも見放され、医者からもさじを投げられ、今まさに死ぬ間際だった1人の女性が、目前で死の淵からよみがえったのだから。

　数時間後、すっかり回復したマリーは、これからは自分は修道会に入り病気で苦しんでいる多くの人々のために精一杯奉仕して自分をささげるつもりだと答えたという。そして、奇跡を目の当たりにした博士は、それ以来、熱烈なカトリックの信者になったという。

●奇跡を呼ぶ人体の謎

　世界には奇跡や予言にまつわる話が多い。血の涙を流すというマリアの像、何もしていないのに手足にイエスと同じ傷跡が起こる聖痕など、科学では到底、証明できぬ不可解な現象も後をつきない。

人間の体は未知なる一つの宇宙だと言ったギリシアの哲学者さえいる。つまり人間の体は無限のパワーの伝導体でもあるというのである。はかり知れない未知の力が、ちっぽけな人体から沸き起こるのもそのためだというのであろうか。

事実、ポルターガイストが思春期の子供のいる家庭で頻繁に起きることはよく知られていることだ。この現象は秩序だったものがあるわけでもなく、家中の家具類などをやたら引っ掻き回すことが多い。1tもある石が軽々と宙を飛んで移動することもあるらしい。これらは思春期の子供の身体が媒体となって未知のとてつもない力を呼び込んでいるのだろうか?

また人間の体には思いもよらぬ未知の超感覚が秘められているといわれる。霊能力を持つ人間は、過去に起きた忌わしい感覚を呼び起こしたり感じたりすることが可能だといわれている。もしそうであるなら、逆に喜びや至福に満ちたパワーと同調し、それを引き出せる能力だって秘められているはずだ。

この聖なる泉を見つけたベルナデットという少女は、貧しい環境で育ち、食べるものがなくて栄養状態が悪く、それゆえ虚弱で健康には恵まれなかったという。しかし生まれつき感受性が強く心が純粋で、寛大さと心根の優しさは天性のものがあった。

それが原因だったのだろうか? きっと何かが虚弱でか弱い彼女の体を選んだのであろうか。未知の至福に満ちた大いなる力を呼び込む伝導体として。

ただ事実があるのみである。洞窟の1か所から彼女の予言通り泉が湧き出て、その泉の水に触れた瀕死の重病人の身に予想もできない結果が何度も起きたという事実だけが……。

●真理が見えるとき

この話を信じようと信じまいとそれは自由だ。ただ信じられない、現実にはあり得ない出来事が起きたのだ。

唯物論者や無神論者は科学的な証拠がないかぎり、奇跡や予言、神秘的な現象を断固として認めようとはしない。たとえていうなら、カレル博士もその1人であった。それが信じられぬ出来事を目の当たりにして心から感動したのだった。

博士はその後、奇跡は泉の水に原因があるのではなく、洞窟という場所そのものに原因があるのではないかと考えた。水の成分にしても若干のミネラルを含んでいるほか、なんら有効な成分は検出されず、ただの水と変わるものではなかった。そうなると、洞窟という空間のかたすみに科学では割り切れぬ未知の神秘的な力が秘められているということなのであろうか？

聖女ベルナデットの遺体は今もヌーベル修道院に安置されている

私はこう考える。理由はわからないが真理だけが見えているということ。つまり結果に理由など不要なのである。魂が揺さぶられるような、あるいは心の奥底から込み上げてくるような強烈な感動を体験したとき、そしてそれが直感的に真理であると感じられるとき、人はそれを奇跡と呼ぶような気がするのだ。これがなされたとき、人々の心に信仰心が芽生え、宗教が生まれ出るのではないかと思う。

今日、ルルドは世界的にも知られる有名な聖地となっている。1年間に500万人以上もの人々が訪れると聞く。この世にすがることのできるわずかな希望が残されている限り、人々の列は永久に絶えることはないだろう。

奇跡……。

この不思議で不可解で神秘的な現象。人々の心を熱烈に引き付けて永遠に止まないもの、これをどう呼んでいいものか、私にはふさわしい言葉が見つからない……。

あとがき

今日、世界の各地では国家間の利害のからんだ醜い争いごとが続いています。視野を狭めると、日常ではさまざまな犯罪が後をたたない状態です。

人間の本質は果たして「善」なのか「悪」なのか？ 私は自問自答しながら、あるサイトを立ち上げました。そのサイト「不思議館」は立ち上げてから、もうずいぶんの月日が経過してしまいました。私は過去に起きた史実をなぞりながら、悲惨な歴史、飢饉、革命、戦争、信じられない事件などに焦点をあて、真の人間性とは何か、その答えを見出そうとしました。私は元来、人間は不完全な生き物ながら、その本質は「善」であることを信じていたかったのです。

確かに人間は、強欲で残酷で、ほかの生き物を殺戮し、勝手気ままにこの地上で振るまっています。そして地球の自然環境をも破壊しています。しかしいま見せる、本来の優しさ、思いやり、自己犠牲の精神などを見るにつけ、人間は不完全な生き物でありながらもその本質は「善」なのだと思うことがあります。そうした瞬間、私の心は何ともいえないすこやかな気持ちで満たされます。ところが、そうした気持ちも長続きすることはなく、ふたたび疑問は生じ、私の心は揺れ動きます。こういう状態が何度くりかえされてきたことでしょう。人間の本質論について、私はその答えをいまだに見いだせないでいます。おそらくはこれからも確固たる答えは出てこないでしょう。

あとがき

今回、サイトからの書下ろしをするにあたり、私は過去に書いたこれらの作品にじっくりと目を通しました。そして思ったことは、悲惨な過去であっても、あえてこれらの史実から目をそむけることなく、過去の過ちを教訓とすることにより、輝ける未来にすることができるということです。

いつの日か、この地上から憎しみが消え、お互いに認め合い、人々が手を取り合える、そうした日が必ずくることを信じていたいものです。

後藤樹史

《参考文献・資料》

『最後のロシア皇帝』植田樹　筑摩書房

『戦国日本100の謎』歴史読本　新人物往来社

『世界不思議物語』N・ブランデル　岡達子　野中千恵子　社会思想社

『スペース・ツアー』金子隆一　講談社

『大西洋漂流76日間』スティーブン・キャラハン　長辻象平訳　早川書房

『5000年前の男』K・シュピンドラー　畔上司　文藝春秋

『世界の奇談』庄司浅水　社会思想社

『世界の奇跡』庄司浅水　社会思想社

『ヒトラー暗殺事件』第二次世界大戦ブックス　サンケイ出版

『第二次大戦航空史話（上）』秦郁彦　中央公論

『東京大空襲』早乙女勝元　岩波書店

『ラバウル空戦記』第204海軍航空隊　朝日ソノラマ

『総員起シ』吉村昭　文藝春秋

『不思議の博物誌』産報デラックス99の謎　サンポウジャーナル

『巡洋艦インディアナポリス号の惨劇』ダグ・スタントン　平賀秀明訳　朝日新聞社

『宦官』顧蓉・葛金芳　尾鷲卓彦　徳間書店

『奇跡の詩』ジュゼッペ・スコテーゼ　上条由紀訳　集英社

月刊『ムー』7月号（32）学習研究社

『鉄十字の騎士』国城さとし・画　武馬猛・作　日本出版社

「Berlin, Rede Joseph Goebbels」Georg Pahl 25 August 1934

「Hauptquartier Heeresgruppe Süd, Lagebesprechung」Walter Frentz 1 June 1942

「reconstruction of Ötzi mummy as shown in Prehistory Museum of Quinson, Alpes-de-Haute-Provence, France」Own work 22 May 2011

「Portait of Alexis Carre」Wellcome Images Wellcome Collection gallery

「Bernadette Soubirous - sarcophagus in Nevers.」Rabanus Flavus 14 June 2011

「shake hands at the 2008 unveiling of a memorial to the 1914 Christmas Truce.」Alan Cleaver 11 November 2008

後藤樹史（ごとう たつし）
作家＆イラストレーター。兵庫県明石市生まれ。立教大学経済学部卒業。編集などを経てフリーイラストレーターになる。世界史ミステリーが好きで執筆活動も開始。歴史上のミステリアスな場面をわかりやすく迫真の文章と精緻なイラストの両方から迫るのを信条としている。イラストレーターとしては国際SFアート大賞でシルバー賞を受賞している。著書に『怪奇‼世界のミステリー全4巻』（汐文社）、『残酷と怪異』（実業之日本社）がある。

本当にあった
不思議・悲劇・驚愕の歴史大全

2019年3月22日 第1刷発行

著　　者	後藤 樹史
発 行 者	千葉 弘志
発 行 所	株式会社ベストブック 〒106-0041 東京都港区麻布台3-4-11 麻布エスビル3階 03（3583）9762（代表） 〒106-0041 東京都港区麻布台3-1-5 日ノ樹ビル5階 03（3585）4459（販売部） http://www.bestbookweb.com
印刷・製本	中央精版印刷株式会社
装　　丁	株式会社クリエイティブ・コンセプト

ISBN978-4-8314-0230-1 C0020